GIULIO CESARE GIACOBBE

Come diventare un buddha in cinque settimane

Manuale serio di autorealizzazione

PONTE ALLE GRAZIE

Per contattare l'autore: www.giuliocesaregiacobbe.org

Ponte alle Grazie è un marchio
di Adriano Salani Editore s.u.r.l.
Gruppo editoriale Mauri Spagnol

Prima edizione: settembre 2005
Seconda edizione: aprile 2006
Terza edizione: novembre 2008
Quarta edizione: novembre 2013

ISBN 978-88-6220-998-4

A mio figlio Yuri
che è stato, da mortale, un buddha
e che morendo ha trasmesso a me mortale
la sua buddhità

nell'anno 2558 dalla nascita del Buddha
Siddhartha Gautama Sakyamuni

Tu, viandante dell'universo
che attraversi la vita come una meteora,
non rendere vana la tua caduta nel vuoto
non giungere nulla nel nulla
ma dai un senso alla tua effimera presenza
in questa effimera realtà
coltivando la più sublime delle realizzazioni
e la meta più alta della Coscienza
che rende grande la Materia:
l'amore attraverso il non attaccamento.
Un buddha è dentro di te:
fallo crescere fino a divenire
un'altra sua incarnazione.
Nell'eterno fluire dal nulla al nulla
fa' che fra un nulla e l'altro
la Coscienza e l'Amore
prendano il loro posto nell'evoluzione
di questo universo.

Introduzione

Questo manuale non tratta della religione buddhista.

Esso ripropone il *metodo psicologico* insegnato originalmente dal Buddha.[1]

Tale insegnamento ebbe come unico interesse e obiettivo la **liberazione dalla sofferenza**.

Io insegno soltanto ciò che serve a realizzare la Via. Ciò che è inutile non lo insegno. Al di là del fatto che l'universo sia finito o infinito, temporaneo o eterno, c'è una verità che si deve accettare: la realtà della sofferenza. La sofferenza proviene da cause che possono essere comprese ed eliminate. Ciò che io insegno è utile all'ottenimento del distacco, dell'equanimità, della pace e della liberazione. Ma di ciò che non è utile al conseguimento della Via, io non parlo.[2]

Ovviamente non si tratta della sofferenza fisica, altrimenti il Buddha sarebbe passato alla storia come medico.

Si tratta evidentemente della sofferenza *psichica*.

[1] Questo ti permette di evitare di raderti i capelli a zero, di chiedere l'elemosina e soprattutto di vestirti sempre di arancione. Il che, per chi preferisce anche altri colori, presenta un non piccolo vantaggio.
[2] *Suttapitaka, Majjhima-Nikaya, Upakkilesa Sutta.*

Il Buddha era quindi uno *psicologo*.[3]

Come si vede, la sofferenza psichica era molto diffusa già duemilacinquecento anni fa. E infatti la tradizione stessa l'ha definita «la condizione umana».

La prima Nobile Verità, la prima dichiarazione del Buddha, afferma precisamente questo: la diffusione della sofferenza.

Ma cosa produce la sofferenza?

È questa, la domanda che si è posto il Buddha.

La risposta che egli ha dato è: *una visione errata della realtà.*

Il Buddha ha proposto in alternativa una visione della realtà e un comportamento capaci di darci serenità, pace, allegria, gioia, amore.

In altri termini, benessere e felicità.

La sua efficacia è provata dall'enorme diffusione del buddhismo in tutto il mondo.

La forma che esso ha assunto è quella di una religione, ma il suo obiettivo è *psicologico*: l'eliminazione della sofferenza psichica, l'instaurazione di uno stato costante di *serenità.*

L'insegnamento originale del Buddha costituisce infatti, come vedremo, un *metodo psicologico.*

[3] In un mio precedente libro (*Alla ricerca delle coccole perdute*, Ponte alle Grazie, Milano, 2004) facevo notare (nota pag. 46) che Gesù, essendosi rivelato un fine *psicologo*, aveva, come tutti i figli, fregato il proprio padre terreno con il non seguire il suo mestiere (falegname) e facevo notare come fosse entusiasmante per noi psicologi che fra tutti i mestieri esistenti Gesù avesse scelto proprio il nostro. Che adesso nella categoria degli psicologi risulti esservi compreso anche il Buddha, be', lasciatemelo dire, è un vero colpo gobbo! Non mi stupirei se si scoprisse che ci sono dentro anche Gandhi e Golda Meyr.

Il metodo insegnato dal Buddha è semplice e praticabile da chiunque.

Persino dai bambini.

Siete bambini intelligenti e sono certo che potete comprendere e mettere in pratica quanto vi dirò. La Grande Via che ho scoperto è sottile e profonda, ma chiunque sia disposto a impegnare il cuore e la mente sarà in grado di capirla e di seguirla.[4]

La tradizione lo ha trasformato in una *teoria*.[5]

Esso invece è una **pratica**.

Il mio insegnamento non è una teoria né una filosofia, ma il frutto dell'esperienza. Tutto ciò che dico viene dalla mia esperienza e lo puoi verificare anche tu attraverso la tua esperienza. Le parole non descrivono la realtà: solo l'esperienza ci rivela il suo vero volto.[6]

La pratica proposta dal Buddha consiste nel realizzare cinque poteri che ognuno di noi possiede già ma semplicemente non usa.

Essi sono: il *controllo della mente*, la *presenza nella realtà*, la *consapevolezza del cambiamento*, il *non attaccamento*, l'*amore universale*.

Vedremo come la realizzazione di questi cinque poteri

[4] *Suttapitaka*, *Majjhima-Nikaya*, *Satipatthana Sutta*.

[5] La filosofia buddhista, o meglio le filosofie buddhiste proliferate dopo la morte del Buddha sono moltissime: E.G. Conze, uno dei maggiori studiosi del buddhismo, ne conta quattordici, tutte in contrasto fra loro.

[6] *Suttapitaka*, *Majjhima-Nikaya*, *Dighanakha Sutta*.

costituisca effettivamente l'insegnamento originale del Buddha e cosa tu debba fare per realizzarli.

La loro realizzazione richiede *cinque settimane.*

Una settimana dedicata a ognuno dei cinque poteri.

L'uso di questo manuale è il seguente.

Per prima cosa dovrai leggerlo tutto, semplicemente con lo scopo di afferrare il procedimento nel suo insieme.

Poi rileggerai il capitolo dedicato alla realizzazione del primo potere e ti applicherai per la prima settimana a realizzarlo.

Così farai, nelle quattro settimane seguenti, per i rimanenti quattro poteri.

Al termine della quinta settimana la tua buddhità sarà diventata *reale*, anche se a uno stadio iniziale.

Tu sarai diventato *un buddha.*[7]

Nel seguito avrai soltanto da *accrescerla* e *rafforzarla* con i richiami che io ti indicherò.

Il merito di questo manuale non è soltanto quello di riesumare l'insegnamento originale del Buddha, per troppo tempo dimenticato, ma anche e soprattutto quello di avere ricostruito *in forma scientifica* quello stesso insegnamento, in modo da renderlo comprensibile e praticabile da tutti.

[7] Per quanto riguarda le signore, dovrei dire «una buddha», ma oltre a essere bruttissimo è scorretto grammaticalmente perché il femminile di buddha (che è un aggettivo) è *buddhini.* Che è ancora più penoso. Già «buddhino» (piccolo buddha) si scambia facilmente con «budino». Da «buddhini» a «budini» il passo è breve. Così ho lasciato «un buddha», anche perché rispetta la verità storica: è stato un uomo, il primo a diventare buddha. Non ti dispiace, vero, cara? Per te userò *illuminata*: mi sembra decisamente più carino.

Il mio ringraziamento va a Siddhartha Gautama Sakyamuni che ha aperto la Via e a mio figlio Yuri che seguendola nella sua pur breve vita vi ha condotto pure me.[8]

[8] Mio figlio Yuri è morto all'età di ventisette anni: l'età esatta in cui il Buddha raggiunse l'Illuminazione. Yuri era un buddha, una di quelle incarnazioni del Buddha (*Bodhisattva*) che, secondo il buddhismo, compaiono ogni tanto sulla Terra. Sin dalla sua nascita egli si è rivelato di una serenità e di un amore incomparabili. In tutti i suoi ventisette anni di vita non l'ho mai visto una volta adirarsi o inveire contro qualcuno. Al contrario egli era sempre sorridente e tollerante con tutti e comunicava a tutti il suo amore incondizionato senza neppure parlare: con un sorriso e con un tocco della mano. Ma tu lo sentivi fortissimo dentro di te. Chiunque lo sentiva. Qualunque cosa tu facessi, egli ti era sempre vicino e ti faceva sentire il suo amore, assoluto e incondizionato. È morto di una banale influenza. Ma morendo ha compiuto un miracolo. Ha trasformato suo padre, questo vecchio peccatore, in un buddha. Egli ha passato a me la sua buddhità, che dunque ho acquistato senza alcun merito. La mia vita si è trasformata. Ho visto l'Illuminazione. Ho visto e inciso nella mia carne totalmente e definitivamente l'assoluta precarietà dell'esistenza, l'unica realtà del qui e ora e l'importanza assoluta ed esclusiva dell'amore, dell'allegria e della gioia. Ho visto così che diventare buddha si può. Il mio buddhismo da teorico è divenuto reale. Così è nato questo libro. Vivendo nella mia carne l'insegnamento del Buddha, che conoscevo già teoricamente, ho realizzato quella buddhità che chiunque, senza bisogno che gli muoia un figlio, può realizzare.

Capitolo primo

Cos'è un buddha

Cos'è un buddha?

Un buddha non è un dio, un santo, un superuomo o un essere sovrumano.[1]

È uno di noi.

Uno qualunque.

È semplicemente uno che ha eliminato la sofferenza.

Attenzione: non dal mondo, ma da *dentro di sé*.

Non soffre più.

Non s'adira.

Non odia.

Non prova gelosia, invidia, rancore.

E neppure tristezza, ansia, angoscia.

E neppure bramosia, avidità, egoismo.

Ma cosa vuol dire: che è un apatico, indifferente, senza sentimenti?

Nossignori.

I sentimenti ce li ha.

Tutti.

[1] Il Buddha non è considerato una divinità nemmeno dalla religione buddhista, che lo vede come il fautore della liberazione dalla schiavitù delle rinascite.

Ma non li esaspera.
Non li fa crescere.
Non se ne fa schiavo.
Non li alimenta.
Parlo di quelli negativi.
Alimenta soltanto quelli *positivi.*
Che sono *serenità*, *pace*, *allegria*, *gioia*, *armonia*, *amore.*
Riesce cioè a rimanere sereno dentro di sé nutrendosi di sentimenti positivi, godendosi i sentimenti positivi e neutralizzando i sentimenti negativi.
La sua mente è sempre serena, calma.
Il suo corpo è sempre rilassato.
Non ha più stress, tensione.[2]
Vive di gioia, di allegria, d'armonia, d'amore.
E infonde intorno a sé gioia, armonia, amore, allegria, buonumore.[3]
Perché ha conquistato la serenità.

Un buddha è colui che ha conquistato la serenità e la mantiene in qualunque situazione.

[2] L'unico problema, diventando un buddha, è che si ingrassa un po', non avendo più stress e non consumando più energie in tensione e contrazione muscolare (non è un caso che il Buddha sia rappresentato sempre po' grassottello). Ma quando sei diventato un buddha o un'illuminata te ne infischi, della linea.

[3] L'umorismo è un'altra caratteristica che si acuisce, o si acquisisce, diventando un buddha. Sono famosi l'ilarità dei monaci tibetani e l'umorismo dei monaci Zen. Essi derivano proprio dalla condizione di rilassamento e serenità che permette di vedere i casi buffi della vita e riderci sopra. Non solo, ma anche di *creare* l'ilarità in quanto stato mentale positivo. Come si dice: « Il riso fa buon sangue ». Infatti ciò che dice sempre Dracula alle fanciulle prima di morderle sul collo è: « Adesso, signorina, la cosa più importante è che non si faccia cattivo sangue ».

Ma come fa?

Lo vedremo.

Questo libro è stato scritto apposta per mostrartelo.

E per farti diventare come lui.

Un buddha.

Vedrai che è possibile.

Diventare un buddha non è difficile.

Basta applicarsi.

Per ora accontentati di sapere che è possibile, diventare un buddha.

Che è possibile per tutti, anche per te.

Perché, come ha detto il Buddha,

Ogni essere umano ha natura di buddha.

Cioè ogni essere umano può diventare un buddha.

Ogni essere umano può infatti realizzare la *buddhità*, ossia la capacità di essere sempre sereno qualunque cosa accada.

Ma è davvero possibile?

Sissignori.

Perché, per quanto incredibile ti possa sembrare,

La nostra serenità
non dipende dalle situazioni
ma dalla nostra reazione a esse.

Una stessa situazione produce infatti reazioni diverse in persone diverse.

Non solo.

Tu stesso, nella medesima situazione, hai avuto reazioni diverse in periodi diversi della tua vita.

La nostra reazione alle situazioni è infatti *condizionata dalla nostra esperienza*, ossia dal nostro *passato*.

Questo condizionamento, nella cultura orientale, è stato indicato come *legge del karma*.[4]

Karma significa 'azione'.

Questa legge mostra come ogni nostra azione è condizionata dalla nostra *esperienza.*

Quindi il nostro presente è condizionato dal nostro passato.

Ma ciò comporta anche che *il nostro futuro è condizionato dal nostro presente.*

Quindi, intervenendo sul nostro presente, noi siamo in grado di *determinare il nostro futuro.*

Se è vero infatti che la nostra reazione alle situazioni è condizionata dalla nostra esperienza passata, è altrettanto vero che noi siamo in grado con la *consapevolezza* e la *volontà* di fare sì che la nostra reazione alle situazioni si svincoli dal condizionamento e rimanga *positiva*, mantenendo la nostra serenità.

Questo farà sì che il nostro futuro *non sarà più condizionato in senso negativo* e il mantenimento della serenità diventerà per noi un comportamento *spontaneo.*

È così che si diventa un buddha.

Il Buddha è stato definito infatti proprio così: *il non condizionato*, colui che si è sottratto al condizionamento del passato.

[4] Da non confondersi con la Legge del Menga («Chi ce l'ha se lo tenga»). La legge del *karma* è stata scoperta dalla cultura orientale in tempi molto antichi (anteriori persino a quello del Buddha): dopo l'avvento della scrittura è stata descritta nella *Bhagavad Gita*, opera che fa parte del poema epico indiano *Mahabharata*, che risale al V sec. a.C., e nel trattato classico dello Yoga, lo *Yoga Sutra*, che è del III sec. a.C. Nella cultura occidentale la legge del karma è stata scoperta soltanto nel XX secolo da Sigmund Freud (che ha così scoperto, come si dice, l'acqua calda), il quale nel condizionamento della memoria (inconscio) del passato sul presente ha individuato la causa della *nevrosi.*

Noi possiamo dunque già da adesso costruire la nostra **serenità**.

Possiamo già da adesso costruire la nostra *personalità di buddha*.

Certo, questo richiede *esercizio*.

Ma cosa, non richiede esercizio?

Qualcuno è mai riuscito a imparare a sciare, a scrivere a macchina, a guidare l'auto, a usare il computer, senza esercizio?

Tutto, richiede esercizio.

E perché applicare il proprio esercizio per imparare a sciare, a scrivere a macchina, a guidare l'auto, a usare il computer, e non per diventare un buddha?

Che ci dà molta più soddisfazione, perché ci permette di rimanere sereni in qualunque situazione.

Lo stesso Buddha lo ha detto: dovrai fare uno *sforzo*, il «Retto Sforzo».

Ma soltanto inizialmente.

Poi, con l'*abitudine*, diventerà spontaneo e naturale.

Allora tu sarai diventato un buddha.

L'importante è che tu cominci a imparare a neutralizzare le tue reazioni negative e a coltivare quelle positive.

L'importante è che tu cominci a mettere in moto il processo che ti porterà a diventare un buddha.

Poi, col tempo, diventerai un buddha sempre più completo.

È soltanto questione di tempo e di applicazione.

Ti serve soltanto una cosa: la **costanza**.

Se credi di non averla, c'è un trucco, per ottenerla e svilupparla:

Poni il tuo progetto di buddhità
al centro della tua vita.

Se lo farai, la tua costanza sboccerà come un fiore, crescerà come un tornado, si solidificherà come una montagna.

Se porrai al centro della tua vita il tuo progetto di buddhità, tu svilupperai spontaneamente e senza fatica una costanza invincibile che ti porterà al sicuro successo.

È soltanto questione di far diventare *abitudine* un atto di volontà che inizialmente sarà incerto e faticoso ma che poi, con l'esercizio, diventerà sempre più facile e spontaneo, fino a diventare *automatico*.

Il Buddha ha colmato la sua vita di serenità, di pace, d'armonia, di buonumore, di gioia, d'amore.

Così hanno fatto molti altri dopo di lui.

È quello che potrai fare anche tu.

Essi sono infatti *stati mentali*.

E tutti abbiamo il *potere* di realizzare e rendere permanenti, o quanto meno frequenti, codesti stati mentali.

Essi possono essere riassunti in uno solo: ***serenità***.

La **serenità** è la caratteristica principale del Buddha ed è quella che tu potrai conquistare *per tutto il resto della tua vita* se seguirai le indicazioni di questo manuale.

Non è necessario che tu ti rada i capelli a zero e ti vesta d'arancione e nemmeno che ti ritiri in un monastero a quattromila metri sulle montagne dell'Himalaya.

Per quanto questo, così come una bella vacanza a Cortina, aiuti.

Come ha detto il Dalai Lama, il Buddha è dentro di te qualunque cosa tu faccia e in qualunque posto tu vada.[5]

Il che significa che tu puoi realizzare lo stato di buddhità in qualunque luogo e in qualunque condizione.

[5] Non so dove e quando l'ha detto ma, per la pancia di Buddha, deve averlo pur detto da qualche parte!

Non è impossibile come potrebbe sembrare né poi così difficile.

Perché la tua serenità è uno *stato mentale* e i tuoi stati mentali non soltanto sono un fatto tuo, ma dipendono da te!

Perché la serenità esiste già, dentro di te: essa è *in potenza* dentro di te.

Tu sei cioè già *capace* di realizzarla.

Devi soltanto imparare a realizzarla *praticamente.*

Come fare te lo spiegherò nel seguito di questo manuale.

Adesso non pensarci.

La cosa fondamentale, per adesso, è che tu capisca che cos'è un buddha e che anche tu puoi diventare un buddha.

Chiariamo piuttosto una cosa.

Essere un buddha non significa non avere affetti e relazioni, non intraprendere progetti di vita, impegni politici, sociali, professionali.

Significa soltanto *mantenersi sereno* in ogni circostanza e *amare gli altri* (che indispensabile per mantenersi sereno).

Essere un buddha significa mantenersi sereno in ogni circostanza e amare gli altri.

Tutto qua.

E scusate se è poco.

I buddha, fra di noi, ci sono.

Molti più di quanto tu immagini.

È una piccola spiaggia di pescatori.

Le barche, piccole e tozze, sono allineate sulla battigia e si lasciano accarezzare le larghe pance colorate dall'onda pigra del mare.

I vecchi trascinano le reti gonfie e palpitanti di pesci traendole dai ventri colmi delle barche e scambiano di tanto in tanto qualche parola fra loro, di cose che soltanto loro sanno, di pesci, di mare, di barche, di donne.

Le donne muovono le dita esperte e veloci fra le spire dei pizzi e parlano fittamente, a volte a voce alta concitate, a volte sommesse, raccolte in segreto fra loro, a volte esplodendo tutte insieme in fragorose risate, che si alzano nell'aria come scoppi di mortaretti.

I bambini corrono fra le barche incitandosi con piccole grida e alcuni di essi sono nudi.

I gatti, sdraiati sugli scogli, socchiudono gli occhi al riverbero del sole, ma non distolgono lo sguardo dalle reti, ricolme di pesci.

I gabbiani volteggiano sopra la spiaggia ispezionando le barche con i loro occhi acuti e riempiendo dei loro stridii di protesta per il furto subito l'aria tersa e luminosa del mattino.

È un giovane uomo di ventisette anni.

Ha i capelli di un biondo scuro che riflettendo i raggi del sole diviene di un oro quasi platino, gli occhi di un grigio-azzurro in cui si rispecchia tutta la luminosità e la profondità del cielo.

Ha un sorriso appena accennato, che gli allarga le labbra in una curva che tutto accoglie con pace, gioia, armonia, accettazione, comprensione, amore.

È come se con i suoi occhi, con il suo sorriso, abbracciasse quel piccolo angolo di mondo, la spiaggia, le barche, le reti, i vecchi, le donne, i bambini, i gatti, i gabbiani, e li accarezzasse con tenerezza e dolcezza infinite.

Il tempo scorre nel suo alveo profondo ma quel giovane uomo è in ogni punto delle sue sponde, in ogni dirupo, in ogni spiaggia, in ogni sasso, in ogni cespuglio.

Egli è in ogni punto del fiume della vita e dell'universo.

Quel piccolo angolo di mondo diviene allora il mondo intero, raccoglie l'intero universo, e le barche, le reti, i vecchi, le donne, i bambini, i gatti, i gabbiani, divengono tutti gli esseri viventi, gli uomini, le donne, gli animali, le piante, e tutte le cose, i sassi, le nuvole, le stelle, che l'universo ha riversato nel fiume del tempo, che ha sommerso nelle sue acque prima calde e spumeggianti e poi fredde e immobili.

Il giovane uomo guarda e sorride.

Il suo sguardo, come il suo sorriso, è antico più delle barche, delle reti, dei vecchi, delle donne, dei bambini, dei gatti, dei gabbiani.

Nel suo sguardo e nel suo sorriso c'è il silenzio della pace, della gioia, dell'armonia, dell'accettazione, della comprensione e dell'amore universale.

Capitolo secondo

Chi era il Buddha

Siddhartha Gautama Sakyamuni detto 'il Buddha' (il risvegliato) è un personaggio storico.

Egli nacque nel 563 a.C. a Kapilavatthu, capitale del regno dei Sakya di cui suo padre Suddhodana era il sovrano, in una regione himalayana prossima all'attuale Nepal.

Secondo la tradizione, la madre Mahamaya, che gli diede il nome *Siddhartha*, morì otto giorni dopo la sua nascita ed egli fu allevato dalla sorella di lei Pajapati Gotami, seconda sposa del re, dalla quale prese il suo secondo nome.[1]

Dai Sakya, la tribù alla quale apparteneva, prese il suo terzo nome.

[1] Qui i miti intorno alla nascita del Buddha si sprecano, come per ogni grande. La fantasia popolare si è sbizzarrita fino alle lacrime: «Si narra che, dopo trentadue mesi di matrimonio, la madre, ancora vergine (*è un destino di tutte le madri dei grandi di restare inesorabilmente e incredibilmente vergini nonostante l'evidente gravidanza*) perché aveva osservato un assoluto ascetismo (*ma cosa si sarà sposata a fare?!*), vide in sogno un elefante che la colpì a un fianco. Dieci mesi dopo (*gli elefanti, si sa, hanno una gravidanza un poco più lunga della nostra*) le nacque un figlio uscendole dal fianco (*gravidanza extrauterina?*) mentre essa, in piedi, si aggrappava ai rami di un fico (*albero notoriamente traditore*)» (*I grandi di tutti i tempi. Buddha*, Mondadori, Milano, 1976, pag. 14).

Narra la leggenda che a suo padre, il re Suddhodana, era stato vaticinato che il figlio primogenito (Siddhartha appunto) avrebbe abbandonato il regno e rinunciato alla successione al trono.

Egli, per scongiurare questa che considerava una grande iattura, aveva tenuto confinato Siddhartha nella reggia impedendogli ogni contatto con il mondo esterno.[2]

Siddhartha ebbe un'infanzia e una gioventù spensierate.

A vent'anni gli fu combinato un matrimonio con sua cugina, la principessa Yasodhara, figlia del re Dandapani del regno dei Koliya e della regina Pamita, sorella del re Suddhodana.

Subito dopo la nascita del figlio Rahula, in seguito alla scoperta della sofferenza presente nel mondo esterno, che fino ad allora egli aveva ignorato, a ventidue anni Siddhartha abbandonò la famiglia, la reggia e la sua carica regale e andò alla ricerca della via che conduce alla liberazione.[3]

Per cinque anni vagò nel suo regno alla ricerca di maestri e praticò la forma tradizionale di ascesi della cultura indica, lo Yoga.

Divenne dapprima discepolo dell'asceta Alara Kalama, poi dell'asceta Uddaka Ramaputta, e sperimentò sotto la loro guida degli stati sempre più profondi di *trance* in cui la sofferenza è trascesa.

[2] Siddhartha aveva un fratello, ma evidentemente anche in India i secondogeniti erano considerati meno che la cacca delle mosche. In Occidente hanno dovuto inventarsi le Crociate, per avere qualcosa da fare.

[3] Come tutti i grandi (e come tutti gli adulti) egli si comportò, come si vede, da vero stronzo. Ma forse lo fece soltanto per dimostrare che le profezie funzionano.

Si avvide tuttavia che la liberazione dalla sofferenza era limitata allo stato di *trance* e quindi non era risolutiva.

Praticò allora per sei mesi l'ascesi più spinta, la mortificazione del corpo, finché comprese che neppure questa via conduceva alla liberazione definitiva dalla sofferenza.[4]

Si dedicò allora all'osservazione di sé, delle proprie sensazioni, delle proprie emozioni, dei propri pensieri, attraverso la consapevolezza dei fenomeni che si presentano alla coscienza.[5]

Vide che essi continuamente nascono e muoiono in un continuo divenire: scoprì così che la vera natura della realtà è una *continua trasformazione*.[6]

Questa fu la sua prima scoperta.

La seconda fu che nessuna cosa può esistere senza l'esistenza di tutte le altre ma tutte sono legate fra loro in una rete universale d'interdipendenza o causazione reciproca universale.[7]

Seduto sotto un albero di pippala, in una foresta vicina al villaggio di Uruvela, Siddhartha approfondì l'analisi della realtà.[8]

[4] È riferita a questo periodo l'iconografia che ritrae il Buddha magro ed emaciato. Come si vede, la sofferenza (e la magrezza) del Buddha è episodica e non corrisponde alla sua personalità definitiva e completa. Nel Buddha non c'è spazio per la sofferenza: è appunto la sua eliminazione, lo scopo di tutto il suo insegnamento. Il piacere, è la dimensione del buddha.

[5] Inventò, come si vede, la *psicoanalisi*.

[6] È il *panta rei* teorizzato da Eraclito che, come si vede, ha inventato l'acqua calda.

[7] È il principio scoperto recentemente dalla nostra fisica e noto come *effetto butterfly*. Anche qui, acqua calda.

[8] Cosa diavolo è un albero di pippala? Per mantenere la tradizione iniziata con *Come smettere di farsi le seghe mentali e godersi la vita*, è indetto un concorso fra i lettori per la soluzione di questo mistero. Ai

Gli portavano il cibo due adolescenti: Svasti, un orfano poverissimo guardiano di bufali, e Sujata, figlia del capovillaggio.[9]

Un giorno, dopo che Svasti l'ebbe lasciato per ricondurre i bufali a casa, Siddhartha fu invaso dalla sensazione che quella notte stessa avrebbe ottenuto il Grande Risveglio.

Grazie alla consapevolezza, la sua mente, il suo corpo e il suo respiro erano perfettamente unificati.

La pratica della presenza mentale l'aveva reso capace di sviluppare un grande potere di concentrazione che ora poteva usare per illuminare di consapevolezza il suo corpo e la sua mente.

Senza vacillare, Siddhartha illuminò di consapevolezza la propria mente.

Vide che gli esseri viventi soffrono perché non comprendono che partecipano della stessa natura di tutti gli esseri: l'ignoranza dà origine a un'infinità di pene, di confusione e difficoltà; avidità, ira, arroganza, dubbio, gelosia e paura, affondano tutti le radici nell'ignoranza.

Imparando a calmare la mente per vedere più a fondo nella vera natura delle cose, Siddhartha giunse alla comprensione globale che dissolve ogni ansia e ogni dolore, sostituendoli con l'accettazione e l'amore.

vincitori verrà riservato un corso *lampo* su *come raggiungere l'illuminazione*, da tenersi sul mio yacht nel Porto Antico di Genova. Sono sollecitate a partecipare specialmente le signore che meritano di essere illuminate.

[9] Questa del parassitismo è l'unica caratteristica del Buddha (il quale non ha mai lavorato un giorno in vita sua) che ti esorto a non imitare. Non perché ci sia qualcosa di male nel fare i mendicanti. Ma questa è una via *troppo* orientale, che tende alla *passività*. Io ti propongo una via *occidentale* al buddhismo, una via *attiva* che ti permetta di creare, di costruire e di competere. Ma senza stress. E quindi anche più efficacemente.

Vide che comprensione e amore sono un'unica cosa: senza comprensione non vi può essere amore e senza amore non vi può essere giusta azione.

Vide che per sviluppare la chiara comprensione è necessario vivere in presenza mentale, in diretto contatto con la vita nel momento presente, vedendo con consapevolezza che cosa realmente avviene dentro e fuori di noi.

La presenza mentale e la consapevolezza conducono alla liberazione definitiva dalla sofferenza.

Siddhartha capì di avere trovato la Grande Via.

Non era una via intellettuale ma di esperienza, non una via teorica ma pratica.

Sujata, portandogli il cibo il giorno dopo, lo vide radioso.

Cento volte l'aveva veduto sedere sotto il pippala in dignità e maestosità, ma oggi aveva qualcosa di diverso.

Mentre lo guardava, Sujata sentiva svanire pene e preoccupazioni.

Una felicità fresca come la brezza primaverile le colmò il cuore.

Sentì di non desiderare nient'altro di quello che c'era, che tutto nell'universo era buono e benevolo e che nessuno doveva temere o disperarsi mai più.

Fece alcuni passi e depose il cibo davanti a lui.

Poi si inchinò, sentendo che la pace e la gioia che pervadevano Siddhartha si trasmettevano anche a lei.

«Siedi vicino a me» la invitò Siddhartha con un sorriso. «Ti ringrazio del cibo e dell'acqua che mi hai portato in tutti questi mesi. Oggi è il giorno più felice della mia vita perché, questa notte, ho trovato la Grande Via. Dividi con me questa felicità. Presto insegnerò la Via a tutti».

Sujata giunse le mani per chiedere il permesso di parlare.

«Tu sei il risvegliato, colui che indica come vivere in consapevolezza. Possiamo chiamarti il 'Risvegliato'?»

Siddhartha annuì.

«Ne sarei davvero contento».

Gli occhi di Sujata brillarono.

«Nella lingua magadhi» continuò la fanciulla, «usiamo la parola *budh* per dire 'svegliarsi'. Una persona risvegliata sarebbe quindi chiamata *buddha*. Possiamo chiamarti 'il buddha'?»

Siddhartha annuì di nuovo.

Aveva ventisette anni.

Il Buddha dedicò tutto il resto della propria vita a diffondere le sue scoperte affinché anche gli altri esseri umani raggiungessero l'illuminazione e la liberazione dalla sofferenza.

Percorrendo il suo regno e scendendo poi lungo il corso del Gange nei regni limitrofi dei Koliya, dei Malla, dei Kosala, dei Licchavi, degli Anga, dei Magadha, dei Kasi e dei Vatsa, convertì migliaia di persone fondando comunità (*Sangha*) di monaci (*Bhikkhu*), alle quali espose in una serie di sermoni (*Sutta*) la sua disciplina, il *Dharma*.

Dando un magnifico esempio di amore universale, a seguito dell'insistenza della regina Pajapati, sua madre adottiva, la quale evidentemente non era del tutto soddisfatta del suo matrimonio, lasciò che essa fondasse un *sangha* femminile, a capo del quale ovviamente mise se stessa.

All'età di settantadue anni, nel 491 a.C., dopo uno scisma avvenuto nel sangha a opera del discepolo Devadatta, due attentati alla sua vita nel secondo dei quali rimase ferito, e una grave malattia poi superata, il Buddha stesso annunciò, tre mesi prima, la propria morte, che avvenne in una foresta vicino a Kusinara, un villaggio nel regno dei Malla confinante con il suo paese di origine.[10]

[10] Questa di annunciare la propria morte in anticipo pare sia una caratteristica degli illuminati (o iniziati). Non è escluso che alcuni di essi si facciano fuori per dimostrare di avere ragione.

Dopo sei giorni e sei notti di cerimonie a cui parteciparono con offerte di fiori, combustione di incenso, musiche e danze, non soltanto i bhikkhu ma anche gli abitanti di Kusinara e della vicina città di Pava, dove fu trasportato poi per il funerale, il corpo del Buddha venne avvolto in teli, deposto in una bara di ferro, issato su una grande pira di legno profumato, e cremato alla presenza di diverse centinaia di persone.

Le sue ceneri vennero divise in otto parti che furono poste all'interno di altrettanti *stupa* (monumenti funebri) a Kusinara e a Pava nel regno dei Malla, a Kapilavatthu nel regno dei Sakya, a Rajagaha nel regno dei Magadha, a Vesali nel regno dei Licchavi, ad Allakappa nel regno dei Buli, a Ramagama nel regno dei Koliya e a Vethadipa nel regno dei Vetha.[11]

[11] Questa breve biografia è basata sull'opera di Thich Nhat Hanh, *Old Path White Clouds*, 1991; trad. it. *Vita di Siddhartha il Buddha narrata e ricostruita in base ai testi canonici pali e cinesi*, Ubaldini, Roma, 1992.

Capitolo terzo

L'insegnamento originale di Buddha

Dedurre l'insegnamento originale di Buddha dall'enorme letteratura buddhista non è impresa facile.[1]

I Canoni (tradizioni) principali sono tre: Pali, Cinese e Tibetano, nelle rispettive lingue.

Il Canone Pali è il più antico e quindi dovrebbe essere il più attendibile.[2]

Ma anch'esso è stato scritto molto tempo dopo la morte di Siddhartha: oltre due secoli.[3]

[1] « La massa degli scritti buddhisti è veramente enorme, e copre decine di migliaia di pagine. Il Canone Pali, che è limitato a un'unica setta, riempie 45 enormi volumi nella edizione completa siamese, esclusi i commenti. I Canoni Cinese e Tibetano, dall'altra parte, comprendono l'opera di tutte quelle scuole che lasciarono il loro segno in Cina e in Tibet. Nella più recente edizione giapponese le Scritture Cinesi constano di 100 volumi di 1.000 pagine stampati con caratteri minuscoli, mentre quelle Tibetane occupano 325 volumi » (E. Conze, *Buddhist Scriptures*, 1959; trad. it. *Scritture buddhiste*, Ubaldini, Roma, 1973, pag. 7).

[2] La lingua Pâli era la lingua parlata (versione popolare del sanscrito) nella regione in cui visse il Buddha: quindi quella da lui effettivamente usata. Assumerò questo Canone, in quanto universalmente riconosciuto il più attendibile, come fonte per le citazioni.

[3] Precisamente fra il secondo e il terzo concilio tenutisi dalla comunità buddhista rispettivamente a Vesali nel 340 a.C. e a Pataliputta nel 246 a.C.

È probabile quindi che i discorsi attribuiti al Buddha siano stati in parte rimaneggiati, in parte addirittura inventati.

Essi sono raccolti nel *Suttapitaka*, una delle tre parti in cui è diviso il Canone Pâli, detto appunto *Tripitaka* («tre canestri»).[4]

I tre Canoni sono diversi fra loro e attribuiscono al Buddha enunciazioni diverse.

Ma vi sono due enunciazioni, che sono riportate da tutti i Canoni: le ***Quattro Nobili Verità*** e gli ***Otto Nobili Sentieri***.

Le Quattro Nobili Verità

Fratelli, vi sono quattro verità: l'esistenza della sofferenza, la causa della sofferenza, l'estinzione della sofferenza e il sentiero che conduce all'estinzione della sofferenza. Le chiamo le Quattro Nobili Verità.

Fratelli, la Prima Nobile Verità è l'esistenza della sofferenza.

Nascita, vecchiaia, malattia e morte, sono sofferenza.

Tristezza, ira, invidia, timore, ansia, paura e disperazione, sono sofferenza.

L'assenza di ciò che si ama, è sofferenza.

La presenza di ciò che si odia, è sofferenza.

Il desiderio, è sofferenza.

L'avversione, è sofferenza.

Questa, è la Prima Nobile Verità.

Fratelli, la Seconda Nobile Verità è la causa della sofferenza.

La causa della sofferenza è l'attaccamento.

[4] Le altre due parti sono il *Vinayapitaka*, che riguarda le regole di condotta dei monaci, e l'*Abhidhammapitaka*, che espone la dottrina (intesa come teoria).

L'attaccamento a sua volta è causato dall'ignoranza.

L'ignoranza che causa l'attaccamento è l'ignoranza della realtà, è l'ignoranza che la realtà è impermanente.

L'ignoranza della realtà produce l'attaccamento perché si crede permanente ciò che è impermanente.

L'attaccamento produce la tristezza, l'ira, l'invidia, il timore, l'ansia, la paura e la disperazione.

Questa, è la Seconda Nobile Verità.

Fratelli, la Terza Nobile Verità è l'estinzione della sofferenza.

La sofferenza può estinguersi con l'estinzione della sua causa, cioè dell'ignoranza e quindi dell'attaccamento.

Questa, è la Terza Nobile Verità.

Fratelli, la Quarta Nobile Verità è la via che conduce all'estinzione della sofferenza: sono gli Otto Nobili Sentieri.

Questa, è la Quarta Nobile Verità.[5]

Gli Otto Nobili Sentieri

Fratelli, chiamo Retti Sentieri gli Otto Nobili Sentieri della Retta Comprensione, del Retto Pensiero, della Retta Parola, della Retta Azione, dei Retti Mezzi di Sussistenza, del Retto Sforzo, della Retta Presenza Mentale, della Retta Concentrazione.[6]

Seguendo gli Otto Nobili Sentieri ho raggiunto la comprensione, la liberazione e la pace.

Fratelli, perché chiamo questi sentieri i Retti Sentieri?

[5] *Suttapitaka*, *Majjhima-Nikaya*, *Saccavibhanga Sutta*.

[6] I termini usati nelle definizioni degli Otto Nobili Sentieri cambiano nelle diverse tradizioni e quindi nei diversi Canoni, e sono diversi anche nelle diverse traduzioni occidentali. Quelli riportati qui sopra sono quelli usati nel già citato *Vita di Siddhartha il Buddha* di Thich Nhat Hanh, in quanto più facilmente reperibile dal lettore occidentale.

Li chiamo Retti perché non negano la sofferenza ma indicano nell'esperienza diretta della sofferenza il mezzo per superarla.

Gli Otto Nobili Sentieri sono la via della consapevolezza, fondata sulla Retta Presenza Mentale.

Con la pratica della Retta Presenza Mentale si sviluppa la Retta Concentrazione, che consente di ottenere la Retta Comprensione.

Mediante la Retta Concentrazione si realizzano la Retta Comprensione, il Retto Pensiero, la Retta Parola, la Retta Azione, i Retti Mezzi di Sussistenza, il Retto Sforzo.

La consapevolezza che se ne sviluppa libera dai ceppi della sofferenza e dà nascita alla vera pace e alla vera gioia.[7]

Le Quattro Nobili Verità e gli Otto Nobili Sentieri costituiscono dunque il nucleo dell'***insegnamento originale del Buddha***.

Ma non credere che le Quattro Nobili Verità e gli Otto Nobili Sentieri siano troppo poco, per costruire una cosa come il buddhismo.

Essi costituiscono importanti e impegnative prescrizioni di *atteggiamento psicologico* e di *comportamento.*

E sono più che sufficienti.

Naturalmente con alcuni approfondimenti che possiamo rinvenire nella stessa letteratura buddhista.

Poiché le Quattro Nobili Verità e gli Otto Nobili Sentieri costituiscono l'essenza del buddhismo e descrivono la pratica alla quale dobbiamo applicarci per realizzare la buddhità, è necessario chiarire e approfondire bene in cosa essi consistono.

Cominciamo con l'esaminare le Quattro Nobili Verità.

[7] *Suttapitaka, Majjhima-Nikaya, Pasarasi Sutta.*

Capitolo quarto

Le Quattro Nobili Verità

Le Quattro Nobili Verità parlano della *sofferenza*.

Sono enunciazioni riguardanti: **1** la diffusione della sofferenza; **2** la sua causa; **3** il mezzo della sua estinzione; **4** la modalità della sua estinzione.

Chiariamole meglio:

1

l'esistenza della sofferenza

CONSTATAZIONE DELLA DIFFUSIONE DELLA SOFFERENZA

2

la causa della sofferenza

INDIVIDUAZIONE DELLA CAUSA DELLA SOFFERENZA: IGNORANZA DELLA NATURA IMPERMANENTE DELLA REALTÀ

3

l'estinzione della sofferenza

INDICAZIONE DEL MEZZO DI ESTINZIONE DELLA SOFFERENZA: CONSAPEVOLEZZA DELLA NATURA IMPERMANENTE DELLA REALTÀ

4
il sentiero che conduce all'estinzione della sofferenza
MODALITÀ DI ESTINZIONE DELLA SOFFERENZA: PRATICA DEGLI OTTO NOBILI SENTIERI

Le Quattro Nobili Verità costituiscono la *premessa* del buddhismo.

Esse affermano che la sofferenza è molto diffusa, che è dovuta a una visione errata della realtà, che può essere eliminata mediante una visione corretta della realtà, che quest'ultima si può realizzare e mantenere con la pratica degli Otto Nobili Sentieri.

Poiché la sofferenza cui si riferisce il Buddha è una sofferenza sistematica e permanente, è sottintesa l'affermazione che si tratta di una *sofferenza nevrotica.*

L'assetto dell'Io, e quindi l'assetto normale della personalità umana, è infatti, secondo la psicologia buddhista, un assetto *nevrotico.*[1]

Questa affermazione apparentemente paradossale può essere dimostrata sia teoricamente sia sperimentalmente.

Teoricamente, essa si riferisce all'assetto psichico di una personalità attratta e assorbita nell'espansione simbolica dell'*Io* e nello sviluppo abnorme del *pensiero.*

Da quando l'essere umano ha iniziato l'evoluzione psichica che ha fatto del pensiero la sua principale attività

[1] «Potremo iniziare discutendo l'origine di tutti i problemi psicologici, l'origine della mente nevrotica. È una tendenza a identificarsi con i desideri e i conflitti che hanno a che fare con un mondo esterno. E immediatamente si pone la domanda se questi conflitti esistono realmente all'esterno o se invece sono interni» (Chôgyam Trungpa, *Glimpses of Abhidharma*, 1975; trad. it. *Lineamenti dell'Abhidharma*, Ubaldini, Roma, 1980, pag. 13).

percettiva, il suo *Io*, cioè l'immagine che l'essere umano ha di se stesso, ha travalicato i limiti naturali del suo corpo.

Il nostro Io si è esteso ai nostri possessi materiali, alla nostra consistenza economica, ai nostri legami affettivi (quindi ad altri esseri viventi), ai nostri ruoli sociali, ai nostri stati psichici, ai nostri protocolli comportamentali, alle immagini stereotipate della nostra cultura.

In altri termini, a dei *simboli concettuali*.

Così noi oggi non ci identifichiamo soltanto con il nostro corpo, ma anche con la nostra casa, la nostra automobile, il nostro televisore, il nostro conto in banca, i nostri parenti, i nostri amici, la nostra professione, il nostro prestigio, il nostro ruolo sociale.

Questa è, secondo la psicologia buddhista, la radice della nevrosi e quindi della sofferenza umana.

Essa costituisce un processo nevrotico perché costituisce un processo di allontanamento dalla realtà, cioè dalla naturale coincidenza dell'*Io* con il corpo.

Nella nevrosi l'*Io* si identifica con una serie sempre più numerosa e complessa di *simboli mentali* costruiti sulla base di valori *sociali* o *culturali* ma non naturali.

La sofferenza deriva evidentemente da una dilatazione dello stato di vulnerabilità dell'Io, che aumenta con l'aumentare del numero degli oggetti con cui egli si identifica.

Sperimentalmente lo stato ricorrente di sofferenza psichica dell'essere umano è chiaramente osservabile da chiunque.

Attualmente, con l'avvento della cultura consumistica basata non soltanto sul possesso e sul prestigio sociale, come è sempre stato nella storia umana, ma anche sulla capacità di produzione e di consumo, la situazione è certamente peggiorata: la diffusione della nevrosi e conseguentemente della sofferenza psichica è un fatto constatabile da chiunque.[2]

Lo stato di buddhità è semplicemente lo stato naturale di non nevrosi.

Ecco allora spiegato perché la *buddhità* può essere conseguita da chiunque, come ha dichiarato il Buddha: perché non è uno stato eccezionale, sovrumano, ma semplicemente lo *stato naturale*, che essendo poco diffuso viene comunemente considerato *eccezionale*.[3]

Lo stato di buddhità può dunque essere conseguito seguendo gli Otto Nobili Sentieri.

Esaminiamoli quindi a uno a uno.

[2] Ciò che ci rende nevrotici non è tanto la vita concitata che facciamo quanto l'*atteggiamento mentale* che assumiamo nei suoi confronti: come se dal successo dipendesse davvero la nostra felicità. Questo produce in noi *stress*, che è l'esatto opposto della serenità. La felicità è essenzialmente *serenità* e quindi è la serenità il termometro della nostra felicità, non il successo. Lo stato di buddhità ci permette di realizzare proprio la serenità, senza rinunciare al successo.

[3] «Noi non siamo normali e naturali. Siamo assolutamente anormali, siamo malati, siamo pazzi! Solo che, poiché tutti sono come noi, non ce ne rendiamo conto: la pazzia è così normale che non essere pazzi sembra anormale. Buddha è anormale» (Osho Reineesh, *Tantra, spirituality and sex*, 1984; trad. it. *Commenti al Vigyana Bhairava*, ECIG, Genova, 1992).

Capitolo quinto

La Retta Comprensione

Sorrise e levò lo sguardo a una foglia di pippala stagliata contro il cielo azzurro, la cui punta ondeggiava verso di lui come se lo chiamasse.

Osservandola in profondità, Gautama vi distinse chiaramente la presenza del sole e delle stelle, perché senza sole e senza stelle quella foglia non sarebbe mai esistita.

E vide la terra, il tempo, lo spazio: tutti presenti nella foglia.

In verità, in quel momento preciso, l'universo intero si manifestava nella foglia.

La realtà della foglia era un miracolo stupefacente.

Vide che è l'esistenza di tutte le cose a rendere possibile l'esistenza di ciascuna cosa.

L'uno contiene il tutto e il tutto è contenuto nell'uno.

La foglia e il suo corpo erano una cosa sola.

Nessuno dei due possedeva un sé permanente e separato, nessuno dei due poteva esistere indipendentemente dal resto dell'universo.

Vedendo la natura interdipendente di tutte le cose, Siddhartha ne vide perciò la natura vuota: tutte le cose sono vuote di un sé separato e isolato.

Comprese che la chiave della liberazione sta nei due principi dell'interdipendenza e del non sé.

Illuminando i fiumi delle percezioni, Siddhartha comprese che l'impermanenza e l'assenza di un sé sono le condizioni indispensabili alla vita.

Senza impermanenza, senza mancanza di un sé, nulla potrebbe crescere ed evolversi.

Se un chicco di riso non avesse la natura dell'impermanenza e del non sé, non potrebbe trasformarsi in una piantina.

Se le nuvole non fossero prive di un sé e impermanenti, non potrebbero trasformarsi in pioggia.

Senza natura impermanente e priva di un sé, un bambino non potrebbe diventare un adulto.

Quindi accettare la vita significa accettare l'impermanenza e l'assenza di un sé.

La causa della sofferenza è la falsa nozione della permanenza e di un sé separato.

Vedendo ciò, Siddhartha giunse alla comprensione che non c'è né nascita né morte, né creazione né distruzione, né uno né molti, né dentro né fuori, né grande né piccolo, né puro né impuro.

Sono tutte false distinzioni create dall'intelletto.

Penetrando nella natura vuota delle cose, le barriere mentali vengono scavalcate e ci si libera dal ciclo della sofferenza.[1]

La Retta Comprensione è stata tramandata dalla tradizione con il nome di ***illuminazione***.

Ma cos'è in concreto la Retta Comprensione?

Evidentemente è la *comprensione della vera natura della realtà*.

Per meglio chiarirci le idee, possiamo dire più propria-

[1] *Buddhacarita*, III, 22 (poema composto probabilmente nella prima metà del I secolo d.C. da Ashvaghosa).

mente che la Retta Comprensione consiste nella *conoscenza* della vera natura della realtà.

L'ignoranza della realtà, che è l'esatto opposto della conoscenza, è infatti considerata dal Buddha la causa della sofferenza:

Fratelli, la causa della sofferenza è l'ignoranza. A causa dell'ignoranza, gli uomini non vedono la realtà della vita e si lasciano imprigionare nelle fiamme del desiderio, dell'ira, dell'invidia, dell'angoscia, del timore, della paura e della disperazione.[2]

Quindi più propriamente possiamo chiamarla **retta conoscenza**.[3]

La *retta conoscenza* consiste dunque in una conoscenza corretta della realtà, non alterata dall'ignoranza.

Ma cos'è veramente la *realtà*?

La definizione che la tradizione attribuisce al Buddha è chiara.

La realtà è *continuo cambiamento.*

La realtà è
continuo cambiamento.

In altri termini, la realtà è, come dice il Buddha, *impermanente.*

Tutta la nostra esperienza ce lo dimostra: le cose e le persone intorno a noi cambiano continuamente e noi stessi cambiamo continuamente.

[2] *Suttapitaka, Samyutta-Nikaya, Dhammacakkapavattana Sutta.*

[3] In una autorevole traduzione italiana dei Canoni Antichi, *La rivelazione del Buddha*, vol. I, I Meridiani, Mondadori, Milano, 2001, essa è definita «Retta Visione» (pag. 7).

Le situazioni, cambiano continuamente.
Il nostro corpo, cambia continuamente.
La nostra mente, cambia continuamente.
L'universo intorno a noi, cambia continuamente.
Ma la scoperta del Buddha non si è fermata qui.
Egli ha scoperto anche che *l'esistenza di ciascuna cosa è condizionata dall'esistenza di tutte le altre.*

Ogni cosa è condizionata da tutte le altre.

Anche questa verità è dimostrata da tutta la nostra esperienza.

Potrebbe esistere un animale senza gli animali che lo hanno generato e senza tutti gli animali che lo hanno preceduto nell'evoluzione?

E potrebbero esistere gli animali senza le piante che li nutrono?

E potrebbero esistere le piante senza l'acqua e il sole?

E potrebbero esistere il nostro pianeta e il nostro sole senza il resto dell'universo?

E potresti esistere tu senza l'universo?

Pensa anche a questo, che è bellissimo: questo universo non potrebbe esistere senza di te.[4]

Infatti non sarebbe *questo* universo.

Tu sei necessario o necessaria all'esistenza di questo universo, come questo universo è necessario alla tua esistenza.

Perché ogni cosa è collegata con tutto il resto.

Nulla può esistere *indipendentemente da tutto il resto.*

[4] È quello che dico sempre ai depressi. Per un attimo gli dà sollievo, ma poi ricadono nel loro pensiero ossessivo: che l'universo sia stato creato al solo scopo di fregarli.

Questo è il senso dell'espressione «privo di un sé» o «non sé»: nessuna cosa è capace di esistere *di per sé*, cioè da sola, senza il resto dell'universo.

Come abbiamo visto, la scoperta che la realtà è fatta di cose in continua trasformazione e tutte collegate fra loro costituisce la famosa *illuminazione*.

La **retta conoscenza** dà luogo dunque all'**illuminazione**.

La famosa* illuminazione *del Buddha
altro non è che la
Retta Comprensione o Conoscenza.

Siddhartha considerò la scoperta della vera natura della realtà talmente importante e centrale da costituire una vera e propria *illuminazione*, un evento che lo portò a definire se stesso come il Buddha, l'illuminato.

Perché?

Evidentemente non è la conoscenza della verità in sé, a essere così importante.

Noi sappiamo che l'interesse del Buddha non era la conoscenza ma la liberazione dalla sofferenza.

Un interesse *pratico.*

Va bene, io ho capito che la realtà è fatta di cose in continua trasformazione e tutte collegate fra loro.

E allora?

Cosa me ne faccio, di questa scoperta?

Cosa ne ricavo?

Quello che ne ricavo è questo: che se tutto è in continua trasformazione, *io non posso attaccarmi a nulla.*

Noi non possiamo attaccarci a nulla.

Perché non esiste nulla di immutabile, che rimanga uguale a se stesso nel tempo.

Il crederlo costituisce un'*illusione*.

Quindi noi siamo obbligati, per evidenza esistenziale e coerenza mentale, a sviluppare il **non attaccamento**.

Il *non attaccamento* è la chiave psicologica che apre la porta della liberazione dalla sofferenza.

***Il* non attaccamento**
porta alla liberazione dalla sofferenza.

È evidente infatti che se io non mi attacco più a nulla, tutte le mie preoccupazioni, i miei problemi, le mie ansie, le mie paure, la sofferenza psichica appunto, svaniscono come neve al sole.

Perché la sofferenza deriva dall'*attaccamento a una situazione diversa da quella che c'è*: dal desiderio di qualcosa che non ho o dall'avversione a qualcosa che ho.

La sofferenza, dice infatti la tradizione buddhista, *deriva o dalla separazione da ciò che si ama o dall'unione con ciò che si odia.*

Il non attaccamento assolve quindi il compito iniziale a cui il Buddha si era applicato: eliminare la sofferenza.

Dunque, compiutamente:

La Retta Conoscenza
(*illuminazione*)
consiste nella consapevolezza che
le cose e le persone cambiano continuamente
e sono
tutte collegate fra loro
e quindi nello sviluppo del
non attaccamento

Basterebbe questo primo precetto, il non attaccamento, per realizzare il buddhismo predicato dal Buddha ed eliminare la sofferenza psichica dalla nostra vita.

È evidente che esso è un precetto *psicologico*, in quanto prescrive un particolare *atteggiamento mentale*: il vedere la realtà per quello che è.

Ma il Buddha, da fine psicologo quale era, si era reso conto che una persona comune non riesce facilmente a conquistare e mantenere la consapevolezza dell'impermanenza della realtà e a comportarsi e ad agire di conseguenza.

Una persona comune ha bisogno di sapere concretamente come comportarsi e come agire, per mantenere e rendere operante quella consapevolezza.

Ed ecco allora gli altri sette Nobili Sentieri.

Capitolo sesto

Il Retto Pensiero

Fratelli, praticate il Retto Pensiero.

Il Retto Pensiero consiste nel pensiero in cui non c'è né confusione né distrazione, né ira né odio, né desiderio né libidine.[1]

Fratelli, il Retto Pensiero consiste nel pensiero in cui c'è l'amore universale.[2]

Ma cosa è concretamente il Retto Pensiero?

Evidentemente un pensiero in cui non c'è *sofferenza.*

E cosa è che costituisce la sofferenza, nel nostro pensiero?

Il Buddha lo ha detto: *confusione, distrazione, ira, odio, desiderio e libidine.*

Occorre eliminarli.

Ma come?

Fratelli, la confusione e la distrazione, l'ira e l'odio, il desiderio e la libidine si superano praticando le Quattro Contemplazioni.

[1] *Vinayapitaka, Vibhanga Sutta.*
[2] *Suttapitaka, Majjhima-Nikaya, Piyajatika Sutta.*

Per superare la confusione e la distrazione, pratica la contemplazione del respiro: con essa la tua mente si schiarirà e la tua concentrazione diventerà potente.

Per superare l'ira e l'odio, pratica la contemplazione della compassione: essa fa luce sulle cause dell'ira e dell'odio presenti nella tua mente e in quella di coloro che li hanno suscitati in te.

Per superare il desiderio, pratica la contemplazione dell'impermanenza: essa fa luce sull'inizio e la fine di tutte le cose.

Per superare la libidine, pratica la contemplazione della morte: essa fa luce sul disfacimento di tutte le cose.[3]

Confusione, distrazione, ira, odio, desiderio e libidine costituiscono evidentemente *pensiero negativo.*

Ma eliminare il pensiero negativo non è sufficiente.

Occorre anche costruire *pensiero positivo.*

Quali sono i pensieri positivi?

La gentilezza amorevole, la compassione, la gioia compartecipe e il non attaccamento sono meravigliosi e profondi stati mentali.

Io li chiamo i Quattro Incommensurabili.

Praticandoli, diventerai una sorgente di vitalità e di felicità per tutti gli esseri.[4]

In una parola, il *pensiero positivo.*

Il Retto Pensiero consiste dunque nell'eliminazione siste-

[3] *Vinayapitaka, Vibhanga Sutta.*

[4] *Suttapitaka, Majjhima-Nikaya, Cularahulovada Sutta.*

matica del pensiero negativo e nella costruzione sistematica del pensiero positivo.

Il Retto Pensiero
consiste nella
eliminazione del pensiero negativo
e nella
costruzione del pensiero positivo.

Capitolo settimo

La Retta Parola
La Retta Azione
I Retti Mezzi di Sussistenza

La Retta Parola, la Retta Azione e i Retti Mezzi di Sussistenza consistono nel non fare violenza a nessun essere vivente, né agli altri né a noi stessi, né con il pensiero, né con le parole, né con gli atti.[1]

Come si vede, la Retta Parola, la Retta Azione e i Retti Mezzi di Sussistenza costituiscono più dei *precetti morali* che dei veri e propri procedimenti psicologici.

Essi sono concretizzati dalla tradizione buddhista nei *Cinque Precetti.*

I miei discepoli si sforzano di vivere semplicemente e in coscienza e si impiegano ad applicare i Cinque Precetti che sono: non uccidere, non rubare, non fare violenza, parlare secondo verità e astenersi dall'assumere sostanze che oscurano la mente.[2]

I Cinque Precetti sono norme di vita che tendono a porci in condizione di non generare sofferenza, ma non sono in

[1] *Vinayapitaka, Mahavagga Sutta.*
[2] *Ibidem.*

grado, di per sé, di liberarci dalla sofferenza nevrotica, una volta instaurata.

Quindi, possiamo escluderli dal nostro metodo di realizzazione della buddhità.

Piuttosto, è utile una precisazione.

Cosa sono i Retti Mezzi di Sussistenza?

Nient'altro che la *professione* che si pratica per procurarsi appunto i mezzi di sussistenza.[3]

Senza pretendere che tutti facciano i monaci, occorre, secondo la tradizione buddhista, esercitare una professione che non porti a trasgredire i Cinque Precetti.

Quindi, ad esempio, killer, spacciatori di droga e trafficanti d'armi non possono raggiungere lo stato di buddhità.

Non per il fatto che tali mestieri sono *immorali*.

Il buddhismo non fa questioni di moralità.

Ma perché il *senso di colpa*, sia pure inconscio, che può derivare dall'esercizio di tali professioni è causa di sofferenza psichica ineliminabile anche con la pratica del buddhismo, in quanto continuamente rinnovato dall'esercizio della professione.

Infatti applicarsi a una professione che produce sofferenza agli altri dà luogo, alla lunga, a sofferenza anche in noi, proprio perché produce in noi un *senso di colpa*.

Occorre quindi praticare una professione che non produca sofferenze né a noi né agli altri.

È ovvio che il senso di colpa dipende dalla morale nella quale si è stati educati.

Nel buddhismo non vi è un'istanza morale di tipo kantiano, tipicamente occidentale, dove si afferma che il bene morale è un valore di per sé.

[3] Ne *La rivelazione del Buddha*, op. cit., il quinto Nobile Sentiero è definito «Retto Modo di Vivere» (pag. 7).

Vi è invece l'attribuzione di un valore *strumentale* alla moralità.

Non per questo esso è tuttavia meno imperativo.

Esso è infatti finalizzato al benessere psichico e quindi alla sopravvivenza.

In altri termini, occorre fare il bene, o meglio non fare il male, cioè non provocare la sofferenza di esseri viventi, non in quanto questo è un bene assoluto di per sé, ma perché il provocare la sofferenza di esseri viventi crea in noi un *senso di colpa* che diventa causa di sofferenza per noi stessi.

Questo approccio alla moralità, che è propriamente *psicologico*, tiene conto, diversamente da quanto accade nella tradizione occidentale, della dimensione storica e culturale della morale.

Per un tagliatore di teste dell'Amazzonia, infatti, il decapitare il nemico, rimpicciolirgli la testa e attaccarsela alla cintura è un atto di alto merito sociale e non produce alcun senso di colpa.[4]

Lo stesso è accaduto, e accade, a tutti i combattenti di tutti i tempi e di tutti i paesi quando uccidono altri esseri umani in nome dei più diversi ideali o interessi sociali per i quali combattono.

La locuzione «fare il male», e quindi soffrire di senso di colpa, assume in definitiva significato in relazione alla morale corrente della società nella quale si è stati educati.

La cosa importante è dunque eliminare le cause più o meno inconscie del senso di colpa e quindi della sofferenza psichica, che non possono essere eliminate con la pratica del buddhismo, ma che devono essere non generate at-

[4] Anzi, nelle discoteche dell'Amazzonia, più testine secche hai nella cintura, più cucchi. Come da noi i dollari.

traverso una condotta di vita non contraria alla morale nella quale si è stati educati.

Le regole morali riportate dalla tradizione buddhista sono le regole morali comuni alla quasi totalità delle culture umane,[5] che quindi il Buddha ha potuto assumere come assolute.

Occorre però chiarire bene una cosa.

Se è vero che codeste regole morali non rientrano propriamente nel metodo psicologico insegnato dal Buddha, esse non possono essere escluse dal progetto di ottenimento e mantenimento dello stato di buddhità.

Assunto infatti, sia pure strumentalmente, il protocollo morale come assoluto, esso diviene vincolante.

È per questo che io ho inserito nei cinque poteri della buddhità l'amore universale: senza di esso lo stato di buddhità non può essere né raggiunto né mantenuto.

Il non arrecare sofferenza agli altri è un imperativo categorico che non può essere scisso dall'impegno dall'impegno di non generare sofferenza dentro di sé.

Per fare un esempio pratico, un buddha non tradirebbe mai la propria moglie o il proprio marito anche se avesse un cattivo rapporto con lei o con lui, perché questo farebbe soffrire la persona tradita.

Se proprio il suo rapporto matrimoniale fosse fonte di sofferenza per tutti, figli compresi, lo interromperebbe.

Ma se a soffrire fosse solo lui o lei, lavorerebbe per eliminare la sofferenza dentro di sé e non abbandonerebbe la famiglia, perché questo arrecherebbe agli altri quella sofferenza che egli si è impegnato ad eliminare.

Il buddhismo è quindi in definitiva portatore di una

[5] Vedi ad esempio le Tavole della Legge.

moralità che mai si era vista prima nella storia dell'umanità e che sfocierà poi compiutamente nel cristianesimo.

È per questo che non soltanto esso ha assunto spontaneamente la forma di una religione, ma è di fatto compatibile con qualsiasi religione.

Capitolo ottavo

Il Retto Sforzo

Fratelli, so che la vostra attenzione è imprigionata nel mondo immaginario del vostro pensiero.

Fratelli, so che guardare dentro voi stessi richiede uno sforzo di volontà.

Fratelli, fate lo sforzo di guardare dentro voi stessi.

Concentrate la vostra attenzione sul vostro pensiero, osservate come esso nasce, cresce e muore, come esso è impermanente e come i suoi fantasmi non sono reali.

Fratelli, facendo lo sforzo di guardare dentro voi stessi vi libererete dai fantasmi del vostro pensiero.

Allora la vostra attenzione potrà rivolgersi alla realtà che vi circonda ed essa si rivelerà a voi in tutta la sua bellezza e la sua gioia.

Scoprirete che nella realtà non vi è sofferenza: la sofferenza è soltanto nel vostro pensiero.

Fratelli, attuate il Retto Sforzo *della concentrazione dell'attenzione sulle vostre sensazioni, sulle vostre emozioni e sul vostro pensiero e realizzerete la* Retta Concentrazione.[1]

[1] *Suttapitaka, Majjhima-Nikaya, Satipatthana Sutta.*

Dunque

Il Retto Sforzo
consiste nella
volontà di attuazione
della Retta Concentrazione,
ossia dell'osservazione del proprio pensiero.

L'osservazione del proprio pensiero richiede infatti *uno sforzo.*

Perché?

Perché la nostra attenzione è normalmente *calamitata* dai nostri pensieri al punto che noi *diventiamo i nostri pensieri.*

Quando un pensiero ci attraversa la coscienza (ad esempio «Io sono un fallito»), noi assumiamo quel pensiero per vero e *diventiamo* quel pensiero.

È per questo, che soffriamo.

Il nostro Io si identifica con i nostri pensieri.

È *calamitato* dai nostri pensieri.

Codesta calamita è potentissima.

Occorre davvero fare *uno sforzo* per sottrarvisi.

L'*abitudine*, o meglio l'*automatismo*, ci tiene prigionieri del nostro pensiero, della nostra mente.

L'uscire dalla mente, diventare l'osservatore del nostro stesso pensiero, attuare la Retta Concentrazione, non è di per sé difficile da realizzare: il difficile è *ricordarsi* di farlo.

È per questo che il Buddha ha annoverato addirittura fra gli Otto Nobili Sentieri il Retto Sforzo, quasi fosse un sentiero a parte, affiancato agli altri sette.

Ma esso è semplicemente propedeutico all'Ottavo Sentiero, l'ultimo e il più importante: la Retta Concentrazione.

Capitolo nono

La Retta Presenza Mentale

Siete bambini intelligenti e sono certo che potete comprendere e mettere in pratica quanto vi dirò.

Bambini, mangiando un mandarino, potete mangiarlo con consapevolezza o distrattamente.

Cosa significa mangiare un mandarino con consapevolezza?

Mangiando un mandarino, sapete che lo state mangiando.

Ne gustate pienamente la fragranza e la dolcezza.

Bambini, cosa significa mangiare un mandarino senza consapevolezza?

Mangiando un mandarino, non sapete che lo state mangiando.

Non ne gustate la fragranza e la dolcezza.

Così facendo, non potete apprezzare la natura splendida e preziosa del mandarino.

Se non siete consapevoli di mangiarlo, il mandarino non è reale.

Se il mandarino non è reale, neppure chi lo mangia è reale.

Ecco cosa significa mangiare un mandarino senza consapevolezza.

Bambini, mangiare il mandarino con presenza mentale significa essere davvero in contatto con la realtà.

La vostra mente non rincorre i pensieri riguardo allo ieri o al domani, ma dimora totalmente nel momento presente.

Vivere con presenza mentale e consapevolezza vuol dire vivere nel momento presente, con il corpo e la mente che dimorano nel qui e ora.[1]

La Retta Presenza Mentale consiste dunque nel *rivolgere la propria attenzione alla realtà che ci circonda, qui ora, e interagire con esssa.*

La chiameremo allora più propriamente **presenza nella realtà**.

La Retta Presenza Mentale
consiste nella
presenza nella realtà.

La presenza nella realtà è fondamentale, per la realizzazione della buddhità, in quanto, non essendo rivolta ossessivamente all'interno dei propri pensieri ma all'esterno, alla realtà, essa è uno stato psicologico *non nevrotico.*

Occorre dunque portare sistematicamente la propria attenzione alla realtà.

E vivere, nella realtà.

[1] *Suttapitaka*, *Majjhima-Nikaya*, *Satipatthana Sutta.*

Capitolo decimo

La Retta Concentrazione

Fratelli, praticate la Retta Concentrazione.

La Retta Concentrazione è il più nobile degli Otto Nobili Sentieri.

La Retta Concentrazione consiste nella concentrazione sul pensiero.

La concentrazione sul pensiero consiste nell'osservazione distaccata dei propri pensieri.

Osservate con distacco i vostri pensieri come osservate con distacco il volo lontano degli uccelli nella pace della sera.

Imparate dalla terra: se la si cosparge di fiori fragranti o la si ricopre di feci, la terra riceve ogni cosa con equanimità, senza preferenze o avversioni.

Quando nasce un pensiero, piacevole o spiacevole, non fatevene intrappolare e non diventatene schiavi.

Osservatelo con distacco e lasciatelo andare: esso non crescerà dentro di voi e non produrrà il frutto avvelenato della sofferenza.

Se voi fate crescere i vostri pensieri, essi divengono potentissimi e si impadroniscono di voi e vi rendono schiavi.

Osservando con distacco il vostro pensiero, voi scoprirete una grande insospettata verità: che il vostro pensiero non è il prodotto della vostra volontà ma è una pianta autonoma e indipendente da voi, alimentata dal vostro attaccamento, e che le sue radici affondano nella vostra paura.

Praticando l'osservazione distaccata del pensiero, i pensieri vani cesseranno e voi dimorerete nella Pura Coscienza.

Con la concentrazione, potrete vedere in profondità nella natura delle cinque modalità della percezione: le sensazioni, le emozioni, i pensieri, la volontà e la coscienza.[1]

Se definiamo «mente» l'insieme dei nostri pensieri, delle nostre emozioni e delle nostre sensazioni, possiamo dunque definire la Retta Concentrazione come l'**osservazione distaccata della mente**.[2]

La Retta Concentrazione
consiste nella
osservazione distaccata della mente.

[1] *Suttapitaka*, *Majjhima-Nikaya*, *Cularahulovada Sutta*. Si tratta degli *Skandha*, le cinque modalità nelle quali si presenta la *percezione*. I termini qui usati differiscono da quelli tradizionali per maggiore chiarezza. Per un loro approfondimento, vedi Chôgyam Trungpa, *Lineamenti dell'Abhidharma*, op. cit.

[2] Sia chiaro che il termine «mente» non indica un *oggetto* ma un *atto* o meglio un insieme di atti, ossia un *processo* o una *funzione*, precisamente la funzione della *percezione*, che la psicologia buddhista suddivide nei cinque *Skandha*, già citati.

Capitolo undicesimo

L'essenza degli Otto Nobili Sentieri

Riassumendo, guardando alla loro *essenza*, possiamo enunciare gli Otto Nobili Sentieri come segue.

1

RETTA CONOSCENZA

CONSAPEVOLEZZA

DEL *CONTINUO CAMBIAMENTO* E *INTERDIPENDENZA*

DELLE COSE

(ILLUMINAZIONE)

E QUINDI

NON ATTACCAMENTO

2

RETTO PENSIERO

ELIMINAZIONE DEL PENSIERO INVOLONTARIO NEGATIVO

E PRODUZIONE DI PENSIERO VOLONTARIO POSITIVO

3

RETTA PAROLA

(SECONDARIO IN QUANTO PRECETTO

NON PSICOLOGICO MA MORALE)

4
RETTA AZIONE
(SECONDARIO IN QUANTO PRECETTO NON PSICOLOGICO MA MORALE)

5
RETTI MEZZI DI SUSSISTENZA
(SECONDARIO IN QUANTO PRECETTO NON PSICOLOGICO MA MORALE)

6
RETTO SFORZO
VOLONTÀ DI ATTUAZIONE DELLA RETTA CONCENTRAZIONE (SECONDARIO IN QUANTO IMPLICITO)

7
RETTA PRESENZA MENTALE
ATTENZIONE ALLA REALTÀ E INTERAZIONE CON ESSA

8
RETTA CONCENTRAZIONE
OSSERVAZIONE DISTACCATA DELLA MENTE

Questo è dunque, essenzialmente, il buddhismo originale, quello insegnato dal Buddha.

Come si vede, una disciplina non religiosa ma *psicologica*.

Una cosa, è importante.

Non ci si deve perdere troppo nelle discussioni teoriche.

Bisogna passare alla pratica.

Il buddhismo infatti è **pratica**.

Un buddhista è uno che pratica il buddhismo, non uno che ne parla.

Chi si dedica alle discussioni teoriche sul buddhismo non è un buddhista ma uno studioso del buddhismo.

Come ha detto esplicitamente, secondo la tradizione, lo stesso Buddha in un famoso passo:

Benché il mio insegnamento non sia un dogma né una dottrina, certo alcuni lo intendono così. Devo spiegare chiaramente che insegno un metodo per sperimentare la realtà, e non la realtà medesima, così come un dito che indica la luna non è la luna. Una persona intelligente seguirà la direzione indicata dal dito per vedere la luna, ma chi vede soltanto il dito e lo scambia per la luna non vedrà mai la luna reale. Io insegno un metodo da mettere in pratica, non qualcosa in cui credere o da adorare. Il mio insegnamento si può paragonare a una zattera che serve ad attraversare un fiume. Solo uno stolto rimarrà abbarbicato alla zattera una volta che sia approdato all'altra sponda, alla sponda della liberazione.[1]

Il buddhismo ha soltanto uno scopo *pratico*: eliminare la sofferenza realizzando la **buddhità**, che consiste in uno *stato permanente* di **serenità**.

Allora adesso la questione è: cosa fare *nella pratica* per realizzare la buddhità?

Indubbiamente gli Otto Nobili Sentieri costituiscono il *protocollo* da seguire per la realizzazione della buddhità, ma a cosa dà luogo l'applicazione di questo protocollo, *nella pratica*?

Più precisamente, cosa, dobbiamo conseguire?

Cioè, quali debbono essere i nostri *obiettivi pratici*?

Occorre chiarirci bene le idee, su questo punto, perché colpire il bersaglio è soltanto questione di tempo: l'impor-

[1] *Suttapitaka, Majjhima-Nikaya, Dighanakha Sutta.*

tante è vederlo chiaramente in modo da sapere esattamente in quale direzione scagliare le frecce.

Analizziamo dunque quali sono gli obiettivi pratici degli Otto Nobili Sentieri.

Questo sarà l'oggetto del prossimo capitolo.

Capitolo dodicesimo

Gli obiettivi pratici degli Otto Nobili Sentieri

È importante capire quali sono gli obiettivi pratici degli Otto Nobili Sentieri perché essi sono proprio quelli che ci conducono alla *buddhità* e quindi sono quelli che dobbiamo realizzare.

Abbiamo visto che il primo nobile sentiero, la Retta Conoscenza, consiste nella *consapevolezza del cambiamento e dell'interdipendenza di tutte le cose* e che questa consapevolezza costituisce l'*illuminazione*, che è il cardine del buddhismo, la base su cui esso si costruisce.

Da essa dovrebbe conseguire poi il *non attaccamento*, che porta alla liberazione dalla sofferenza.

Ma la consapevolezza del cambiamento e dell'interdipendenza di tutte le cose è un obiettivo puramente conoscitivo, cioè *intellettuale.* Il non attaccamento è invece un obiettivo *comportamentale.*

Quindi esso è distinto dal primo, sul piano della realizzazione.

Inoltre il non attaccamento deriva propriamente dalla consapevolezza del *cambiamento*, non dell'interdipendenza. Quindi propriamente il **primo obiettivo** è la ***consapevolezza del cambiamento.***

il primo obiettivo è la
CONSAPEVOLEZZA DEL CAMBIAMENTO

Il ***non attaccamento*** è il **secondo obiettivo**.

il secondo obiettivo è il
NON ATTACCAMENTO

Abbiamo visto che il secondo nobile sentiero, il Retto Pensiero, consiste nella *eliminazione del pensiero involontario negativo* e *nella costruzione del pensiero volontario positivo* e che l'ottavo nobile sentiero, la Retta Concentrazione, consiste nell'*osservazione distaccata della mente.*

Ma entrambe queste azioni attuano di fatto il *controllo della mente.*

Il ***controllo della mente*** è dunque il **terzo obiettivo**.

il terzo obiettivo è il
CONTROLLO DELLA MENTE

Abbiamo visto che il terzo, il quarto e il quinto nobile sentiero, la Retta Parola, la Retta Azione e i Retti Mezzi di Sussistenza consistono in *norme morali*, che per quanto importanti non costituiscono poteri psicologici particolari da acquisire: infatti li abbiamo definiti *secondari.*

Quindi possiamo non prenderli in considerazione in quanto non costituiscono obiettivi *psicologici* da conseguire ai fini della realizzazione della buddhità.

Abbiamo visto che il sesto nobile sentiero, il Retto Sforzo, consiste nella *volontà di attuazione della Retta Concentrazione.*

Quindi esso non è di per sé un obiettivo particolare ma semplicemente la *volontà* di attuare il terzo obiettivo, cioè il controllo della mente.

Possiamo quindi non annoverarlo nei nostri obiettivi, dandolo per implicito nell'impegno del loro perseguimento.

Abbiamo visto infine che il settimo nobile sentiero, la Retta Presenza Mentale, consiste nella *presenza nella realtà*, cioè nell'attenzione rivolta alla realtà e nell'interazione consapevole con essa.

La ***presenza nella realtà*** è dunque il **quarto obiettivo** da conseguire.

il quarto obiettivo è la
PRESENZA NELLA REALTÀ

Ma c'è un altro obiettivo da conseguire, per realizzare davvero lo stato di buddhità: l'*amore universale.*

Lo stesso Buddha nomina l'*amore universale* a proposito del Retto Pensiero, indicando come l'amore universale sia la dimensione mentale del buddha.

Fratelli, il Retto Pensiero consiste nel pensiero in cui c'è l'amore universale.

In realtà, l'amore a cui tutti gli esseri aspirano è l'amore universale.

Nell'amore universale vi è compassione e dedizione.

Compassione e dedizione hanno come fine la felicità di tutti e non pretendono nulla in cambio.

Senza di essi, senza l'amore universale, la vita è senza gioia.

Con la compassione e la dedizione agli altri, con l'amore universale, la vita si colma di pace e di gioia.[1]

[1] *Suttapitaka, Majjhima-Nikaya, Piyajatika Sutta.*

Nell'amore universale, infatti, e soltanto in esso, noi possiamo trovare la *serenità*.

L'***amore universale*** è dunque il **quinto obiettivo** da conseguire.

il quinto obiettivo è
l'AMORE UNIVERSALE

In definitiva, quindi

gli obiettivi pratici degli Otto Nobili Sentieri sono

1. **LA CONSAPEVOLEZZA DEL CAMBIAMENTO**
2. **IL NON ATTACCAMENTO**
3. **IL CONTROLLO DELLA MENTE**
4. **LA PRESENZA NELLA REALTÀ**
5. **L'AMORE UNIVERSALE**

Poiché ciascuno di noi ha *in potenza* la capacità di conseguire questi cinque obiettivi, possiamo dire che questi cinque obiettivi costituiscono altrettanti ***poteri*** che noi dobbiamo semplicemente attuare.

Essi sono infatti già presenti dentro di noi, come ha detto il Buddha.

Dobbiamo soltanto *svilupparli.*

Capitolo tredicesimo

Un metodo scientifico

Si può tradurre l'insegnamento originale del Buddha in un *metodo scientifico*?

Perché un metodo sia scientifico, occorre che

1 si conoscano *gli elementi del problema da risolvere*;
2 si elabori un *procedimento di soluzione*;
3 sia possibile da parte di tutti l'*applicazione pratica* di tale procedimento.

Applichiamoci per prima cosa all'approfondimento degli *elementi del problema* del come diventare un buddha.

Essi sono evidentemente le *condizioni psicologiche* che permettono di ottenere e mantenere tale stato.

Queste condizioni psicologiche sono precisamente i cinque *poteri* che abbiamo individuato nell'insegnamento originale del Buddha: la *consapevolezza del cambiamento*, il *non attaccamento*, il *controllo della mente*, la *presenza nella realtà*, l'*amore universale*.

Essi costituiscono un *protocollo operativo*.

Perché codesto protocollo costituisca un *procedimento scientifico di soluzione* occorre che la sua applicabilità segua un *criterio* di applicazione.

Ossia che i cinque poteri non siano slegati e indipendenti fra loro ma presentino un *criterio* che permetta di passare da uno all'altro.

In termini tecnici, una *consequenzialità applicativa.*

Solo così infatti essi possono costituire un *procedimento scientifico.*

Ma trattandosi di condizioni psicologiche è evidente che la consequenzialità applicativa deve essere una *consequenzialità psicologica.*

Occorre cioè che ognuno di essi sia reso possibile e anzi causato da quello che lo precede sul piano della realizzazione psicologica.

I cinque poteri del Buddha vanno dunque esaminati più a fondo.

Cominciamo dal primo.

Da cosa deriva la *consapevolezza del cambiamento*?

Evidentemente dall'osservazione della realtà.

Ma l'osservazione della realtà si realizza con la *presenza nella realtà.*

Quindi la presenza nella realtà precede la consapevolezza del cambiamento.

Ma la presenza nella realtà consiste nel portare *l'attenzione all'esterno della mente* e per fare questo occorre che prima noi abbiamo liberato la mente dal pensiero compulsivo, cosa che possiamo ottenere soltanto se ne abbiamo preso il *controllo.*

Quindi il *controllo della mente* deve precedere la presenza nella realtà.

Abbiamo dunque questa prima sequenza: 1 controllo della mente, 2 presenza nella realtà, 3 consapevolezza del cambiamento.

Ma a cosa conduce la consapevolezza del cambiamento?

Evidentemente al non attaccamento.

Il *non attaccamento* sarà quindi il quarto potere.

Il non attaccamento, infine, proprio perché elimina l'interesse personale, dà spontaneamente accesso all'*amore universale*, il quinto e maggiore potere del Buddha.

Il nostro progetto diventa dunque quello di realizzare nell'ordine

I CINQUE POTERI DEL BUDDHA

1 CONTROLLO DELLA MENTE
2 PRESENZA NELLA REALTÀ
3 CONSAPEVOLEZZA DEL CAMBIAMENTO
4 NON ATTACCAMENTO
5 AMORE UNIVERSALE

Questo protocollo, che coincide essenzialmente con gli Otto Nobili Sentieri e quindi con l'insegnamento originale del Buddha, presenta la seconda condizione scientifica richiesta: la *consequenzialità applicativa* che nel nostro caso è una *consequenzialità psicologica* in quanto ogni potere dà accesso, sul piano psicologico, al potere successivo.[1]

Individuato dunque il *procedimento di soluzione* del problema ci rimane da verificare la sua *applicabilità pratica.*

Per fare ciò occorre analizzare dettagliatamente *come* si possono realizzare codesti cinque poteri.

A ognuno di essi dedicherò quindi i prossimi capitoli.

[1] La consequenzialità psicologica dei *poteri* corrispondenti agli Otto Nobili Sentieri è talmente evidente che non possiamo non sospettare che molto probabilmente proprio questo fosse l'ordine originale dei Nobili Sentieri enunciati dal Buddha.

Capitolo quattordicesimo

Il controllo della mente

Il primo potere da conquistare, il *controllo della mente*, è molto importante ed è il fondamento di tutta la procedura atta a realizzare lo stato di buddhità.

Come abbiamo visto, lo stesso Buddha lo ha dichiarato esplicitamente:

La Retta Concentrazione è il più nobile degli Otto Nobili Sentieri.

Quindi a esso dobbiamo dedicare una particolare attenzione e *determinazione*: è appunto ciò che il Buddha ha chiamato Retto Sforzo.

E in effetti per attivare il *controllo della mente* occorre fare uno *sforzo di volontà*: gli altri poteri vengono più spontaneamente, una volta realizzato il primo, ma questo primo richiede un certo impegno.

Il controllo della mente non è un potere invocato soltanto dal Buddha.

Esso è stato presentato come base dell'evoluzione spirituale e sollecitato da tutti gli *iniziati*, dal Buddha a Platone, a Seneca, a sant'Agostino, a Pico della Mirandola, a Maometto, a Eckhart, a Sai Baba.[1]

[1] Contemporaneo, considerato in India un *Avatar*, un'incarnazio-

Per controllare la mente, afferma il Buddha, è necessario *osservarla.*

Osservare cioè le proprie sensazioni, le proprie emozioni, i propri pensieri.

Soprattutto i propri *pensieri.*

Perché è il pensiero, la causa delle emozioni, e quindi è il pensiero la causa della sofferenza.

Infatti l'emozione è originata dal *pensiero.*

Se penso alla perdita di una persona cara si produce in me un'emozione che chiamo «sofferenza».

Se penso invece a una persona cara che mi sta vicino, si produce in me un'emozione che chiamo «piacere».

Dunque è il pensiero, che produce la nostra *sofferenza psichica.*

Ora, la cosa importante da capire è che il pensiero che produce sofferenza *non è volontario.*[2]

il pensiero che produce sofferenza non è volontario

Nessuno infatti si produce intenzionalmente della sofferenza, perché ciò va contro l'universale programma genetico di sopravvivenza.[3]

Quante volte avremmo voluto dormire e siamo stati in-

ne della divinità (*Ganesha*), ha fedeli in tutto il mondo compresa l'Italia: «Occorre controllare ed estinguere i conflitti dei desideri che affliggono la mente, che dev'essere focalizzata in una sola direzione» (*Prema Dhyana*; trad. it. *Fiume d'amore*, Ed. Sathya, Torino, 1981, pag. 11).

[2] Vedi il mio libro *Come smettere di farsi le seghe mentali e godersi la vita*, Ponte alle Grazie, Milano, 2003.

[3] I masochisti non fanno eccezione: la sofferenza che essi si autoprocurano ripara il loro senso di colpa e quindi in definitiva procura loro un'esaltazione dell'Io e quindi un piacere.

vece tenuti svegli da pensieri spiacevoli e addirittura dolorosi!

Quante volte non vorremmo pensare a cose spiacevoli e siamo nella condizione di non potere farne a meno!

Quante volte non vorremmo pensare a ciò che abbiamo perduto, ai nostri insuccessi, alle nostre delusioni, ai nostri errori, e non ci riusciamo!

Quante volte non vorremmo pensare al nostro futuro, alle prove che ci attendono, ai pericoli che correremo, alla fine che potremmo fare, e non siamo capaci di sottrarci a questi pensieri!

Non siamo capaci di fare a meno di avere pensieri che ci fanno soffrire!

Contro la nostra volontà!

Ma come avviene che noi ci produciamo da noi stessi la sofferenza psichica, sia pure involontariamente?

Come avviene che noi produciamo pensiero involontario?

Perché lo produce *automaticamente* la nostra *memoria* (inconscio).

Il pensiero involontario infatti altro non è che la manifestazione della *tensione* derivante dai traumi (aggressioni, ansie, paure, perdite, insuccessi, insicurezze, ecc.) registrati nella nostra *memoria*.[4]

Le aggressioni, le ansie, le paure, le perdite, gli insuccessi, le insicurezze che noi abbiamo vissuto rimangono incisi nella nostra memoria e si ripresentano sotto forma di *pensieri* che richiamano e riproducono quelle emozioni.

[4] La tensione è proprio *tensione elettrica* che permane nei circuiti neuronali del cervello e produce pensiero in quanto suo naturale processo di scarica: se subiamo un trauma l'alterazione mentale che esso produce permane nella nostra mente ancora per molto tempo dopo il trauma. Infatti non facciamo che pensarci.

La cosa che bisogna assolutamente capire e non dimenticare mai è che il pensiero che ci dà sofferenza è *il prodotto automatico della tensione registrata nella nostra memoria.*

il pensiero che ci dà sofferenza
è il prodotto automatico
della tensione registrata nella nostra memoria

Nella condizione di *nevrosi* il pensiero che ci dà sofferenza, detto anche pensiero *tensivo*, costituisce la quasi totalità della nostra attività psichica.

Come può avvenire questo?

Perché i pensieri *si riproducono.*[5]

I pensieri si riproducono.

I pensieri sono come semi che producono piante.[6]

E i pensieri negativi producono *piante velenose.*

Queste piante velenose costituiscono la nostra *sofferenza.*

Dunque il pensiero è la causa della nostra sofferenza psichica e questo è precisamente ciò che ha scoperto e puntualizzato il Buddha.

[5] La sedimentazione dei pensieri nella memoria avviene con tutto il loro *corredo emotivo*: quindi un pensiero generante un'emozione viene registrato insieme a essa ed è appunto quell'emozione a rievocare il pensiero. Più forte è l'emozione, più frequentemente si riproduce il pensiero che le è correlato.

[6] Nella tradizione yogica il pensiero è appunto definito «seme» (*bija*), in quanto produce altri pensieri: cfr. Patañjali, *Yoga Sutra*, I, 46 e I, 51 nella mia traduzione commentata *La psicologia dello Yoga. Lettura psicologica degli Yoga Sutra di Patanjali*, ECIG, Genova, 1994.

È al pensiero, dunque, che deve applicarsi il nostro controllo.

Il controllo della mente
consiste nel
controllo del pensiero.

Il Buddha ha dedicato due nobili sentieri al controllo della mente: il Retto Pensiero e la Retta Concentrazione.

Il Retto Pensiero consiste, come abbiamo visto, nella elininazione dei *pensieri negativi* e nella costruzione di *pensieri positivi*.[7]

Abbiamo visto che i pensieri negativi sono *involontari*.

È evidente che i pensieri positivi che noi dobbiamo introdurre nella nostra mente sono invece *volontari*.

L'operazione che dobbiamo fare in definitiva è sostituire i *pensieri involontari negativi* con i *pensieri volontari positivi*.

Si tratta fondamentalmente di operare un'*igiene mentale*.

Ma quali pensieri negativi vanno sostituiti?

E con quali pensieri positivi?

Secondo la tradizione, il Buddha ha fatto un elenco al riguardo, quando ha esposto le *Quattro Contemplazioni* e i *Quattro Incommensurabili*.[8]

Possiamo riassumerlo così, considerando tutt'uno l'insieme pensiero-emozione:

[7] Possiamo definire, coerentemente con la tradizione orientale, *negativi* tutti quei pensieri che portano a *separazione* (diffidenza, sospetto, antipatia, rancore, odio, ecc.) e *positivi* tutti quei pensieri che portano a *unione* (fiducia, accettazione, simpatia, benevolenza, amore, ecc.).

[8] Cfr. cap. *Il Retto Pensiero*.

PENSIERO INVOLONTARIO NEGATIVO	**PENSIERO VOLONTARIO POSITIVO**
agitazione	concentrazione sul respiro
antipatia	gentilezza
crudeltà	compassione
ira	amore
odio	compassione
attaccamento	riflessione sull'impermanenza
libidine	riflessione sulla fine di tutte le cose

Diciamo subito che il ricorso alle Quattro Contemplazioni e ai Quattro Incommensurabili proposti nel Retto Pensiero è una *risorsa estrema.*

Esso va fatto soltanto nel caso di una *sofferenza molto forte.*

Cioè nel caso in cui i pensieri negativi invadono *sistematicamente* la tua mente.

La pratica *normale* del controllo della mente è quella esposta nella Retta Concentrazione.

Ossia l'*osservazione distaccata del pensiero.*

Come ha detto il Buddha:

Osserva con distacco i tuoi pensieri come osservi con distacco il volo lontano degli uccelli nella pace della sera.[9]

L'osservazione distaccata del pensiero lo *neutralizza*: gli toglie la sua carica emotiva e quindi spezza la catena del suo *autorafforzamento* nella memoria e dunque la sua forza di riproduzione.

[9] *Suttapitaka*, *Majjhima-Nikaya*, *Cularahulovada Sutta.*

Come avviene?

Attraverso un atto di *disidentificazione.*

Vi è infatti una *legge psicologica*:

Noi siamo dominati
da tutto quello con cui ci identifichiamo
e dominiamo
tutto quello da cui ci disidentifichiamo.[10]

Quando siamo invasi dai pensieri che ci danno sofferenza noi normalmente li assumiamo come *opera nostra*: ci crediamo noi gli *autori* di codesti pensieri, ci *identifichiamo* con essi e li assumiamo per *veri.*

Se vi è ad esempio nella nostra mente il pensiero di una perdita e una conseguente emozione di paura, noi solitamente ci identifichiamo con l'autore di quel pensiero e con colui che è invaso dalla paura.

L'emozione della paura diviene così fortissima.[11]

Questo, inoltre, fa sì che quel pensiero e quella paura si incidano profondamente nella nostra *memoria* e si ripropongano con insistenza per molto tempo a venire.

Ma ciò è *nevrotico*, perché noi non siamo gli autori volontari di quel pensiero: esso è prodotto automaticamente dalla nostra memoria sulla spinta della paura che è stata registrata in essa *nel passato.*

L'identificazione del nostro Io con quel pensiero e con

[10] R. Assagioli, *Psychosynthesis. A Manual of Principles and Techniques*, 1965; trad. it. *Principii e metodi della psicosintesi terapeutica*, Ubaldini, Roma, 1973, pag. 28.

[11] È come se l'Io, identificandosi con il pensiero e con l'emozione che ne consegue, gli cedesse la sua energia, che costituisce appunto la *nostra energia psichica* e quindi la nostra stessa *energia vitale.*

quella paura fa sì che, per la legge psicologica riportata qui sopra, *noi ne siamo dominati.*[12]

Per comprendere meglio questo processo dello *stato di tensione* o di *identificazione con il pensiero tensivo* può essere utile il seguente diagramma di flusso:

Stato di tensione
o di identificazione con il pensiero tensivo

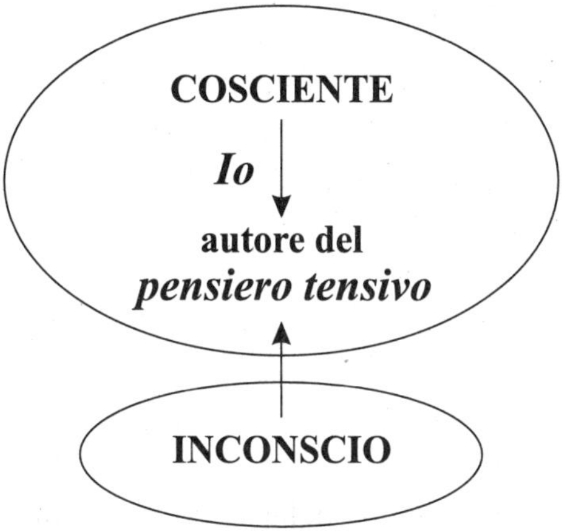

Nell'ambito del *cosciente* il nostro *Io* si identifica con l'autore del *pensiero tensivo*, il quale è invece prodotto dall'*inconscio*.

Se, diversamente, noi spostiamo la nostra *attenzione* dagli oggetti esterni ai nostri stessi *pensieri*, modifichiamo la nostra dinamica mentale.

Se osserviamo un determinato pensiero e una determinata paura nella nostra mente, diventiamo un *osservatore*

[12] È come se l'Io avesse una sua forza di gravità che lo precipita nella mente, cioè nei pensieri, nelle sensazioni e nelle emozioni, dimenticando e perdendo se stesso in essi.

esterno che prende semplicemente atto della presenza di quel pensiero e di quella paura.

In questo modo quel pensiero e quella paura non riguardano più il nostro Io, perché il nostro Io si è spostato dal soggetto di quel pensiero e di quella paura all'*osservatore esterno.*

Questo raffredda, per così dire, la paura, e impedisce che essa si registri nella nostra memoria, non rafforzando quel pensiero e non favorendo così la sua riproduzione nel futuro.

In questo modo il pensiero tensivo, carico di sofferenza, viene *neutralizzato.*

In termini scientifici, il nostro *centro di identificazione*, l'Io, con cui ci identifichiamo, si sposta dal pensiero all'*osservatore.*

Questa funzione del nostro cervello è nota con il nome di *coscienza.*[13]

L'osservatore infatti non è il pensiero.

Quindi non è coinvolto nella tensione che è presente nel pensiero.

E poiché l'Io è il motore dell'energia tensiva che costituisce l'emozione, questa viene ridotta.[14]

[13] La *coscienza* è stata oggetto precipuo di interesse della *religione cristiana* per secoli: secondo la teologia cattolica è proprio l'attivazione della coscienza, a dare luogo al *libero arbitrio* capace di attuare la nostra *umanità* e rivelare la nostra *origine divina.* In epoca moderna anche la *psicologia* si è interessata della coscienza (cfr. R.M. Bucke, P.D. Ouspensky, W. Hall, A.H. Maslow e soprattutto R. Assagioli). Attualmente alla coscienza in quanto funzione cerebrale si sta interessando la *neuroscienza.* Non possiamo non meravigliarci quando consideriamo che la coscienza è praticamente un cervello che vede se stesso durante il proprio funzionamento.

[14] È come se la coscienza, che è la funzione con la quale più compiutamente può identificarsi l'Io, fosse la sede naturale dell'*energia psi-*

Il procedimento può essere illustrato dal seguente diagramma di flusso:

Stato di autocoscienza
o di auto-osservazione

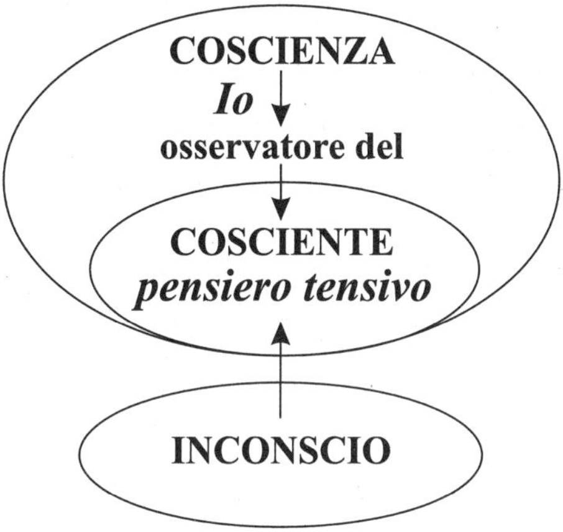

Nello stato di coscienza l'Io diviene osservatore del *pensiero tensivo* presente nel cosciente ma prodotto dall'inconscio.

L'azione dell'osservare il proprio pensiero, la coscienza, costituisce una vera e propria *funzione cerebrale particolare*

chica: finché la coscienza è immersa, per così dire, nella mente e quindi noi ci identifichiamo con i nostri pensieri e le nostre emozioni, questi si manifestano in tutta la loro forza e ci travolgono: noi ne siamo schiavi. La coscienza dà ai pensieri e alle emozioni tutta la sua energia. Quando invece la coscienza, l'Io, si distacca dalla mente e ne esce diventando l'osservatore esterno a essa, sembra portare con sé quella stessa energia e toglierla ai pensieri e alle emozioni che, rimanendone privi, lentamente scemano fino ad arrestarsi del tutto.

peculiare dell'essere umano, la quale però si attiva spontaneamente soltanto in casi eccezionali.[15]

È proprio mediante l'attivazione di questa funzione cerebrale, la coscienza, che noi attuiamo l'osservazione del nostro pensiero.

Il nostro Io si sposta dall'autore dei nostri pensieri a un *osservatore impersonale*.

Lo possiamo chiamare il *Nobile Distaccato Osservatore*.

Per attuare l'auto-osservazione del pensiero occorre diventare il Nobile Distaccato Osservatore

È proprio l'osservazione distaccata del pensiero, che costituisce quel *controllo della mente* che abbiamo visto essere indispensabile non soltanto per la realizzazione della presenza nella realtà ma anche della stessa buddhità.

Un buddha è infatti sempre consapevole dell'automatismo dei propri pensieri e ne è sempre distaccato, non si lascia schiavizzare da essi.

Un buddha osserva sempre con distacco i propri pensieri ed è sempre consapevole del loro automatismo.

Quello che tu devi pensare, per la conquista di questo potere, è che la tua mente non è altro che *un organo del tuo*

[15] In particolare, nei casi di *incidenti gravi* (è tipica, in questi casi, la visione della propria vita che scorre come un film): ti ritrovi a guardarti dall'esterno, per così dire, e ti vedi agire come se fossi un altro. «In situazioni di pericolo (ad esempio in guerra o in certi momenti delle ascensioni alpinistiche) avviene un potenziamento della coscienza, uno stato di 'supercoscienza' nel quale vengono compiute azioni normalmente impossibili e atti eroici» (R. Assagioli, *Principii e metodi della psicosintesi terapeutica*, op. cit., pag. 169).

corpo, che produce pensiero come la cistifellea produce bile e le ghiandole surrenali adrenalina.[16]

***La mente è un* organo del corpo.**

E tu lo puoi manipolare, allenare, rafforzare e comandare come vuoi, come un qualsiasi altro tuo organo, come i polmoni o la vescica.[17]

La mente può essere manipolata.

È soltanto una questione di *esercizio*.

E quindi di tempo.

Se non l'hai mai fatto, ti sembrerà difficile osservare il tuo pensiero.

Ma ci sono dei trucchi.

Il primo è questo: *cerca di smettere di pensare.*

Non ci riesci, naturalmente.

Ma ottieni un grande risultato.

Guardi dentro la tua mente.

Infatti come fai a sapere se la tua mente esegue o no il tuo ordine di smettere di pensare se tu non ci guardi dentro?

Questo è un primo stadio.

[16] Lo so che gli idealisti si scandalizzeranno a questa mia affermazione. Pazienza, ci sono abituato. Diversamente da Schopenhauer, che all'obiezione che il suo pensiero non aveva niente a che fare con la realtà rispose «Tanto peggio per la realtà!», io rispondo «Tanto peggio per il pensiero!»

[17] Gli yogi controllano anche la cistifellea e le ghiandole surrenali. Con un po' di allenamento ci puoi riuscire anche tu. Sto preparando un prossimo libro, *Come imparare a controllare la cistifellea e le ghiandole surrenali in due settimane*. Abbi pazienza!

Un secondo stadio è quello di osservare la tua mente, e quindi i tuoi pensieri, *usando i sensi.*

Guarda dentro la tua mente usando *la vista.*

Vedi delle immagini?

Non sono propriamente pensiero, ma sono comunque un'attività della mente.

Se le vedi stai guardando dentro la tua mente.

Adesso usa *l'udito.*

Sentirai una voce che parla.

È il tuo *pensiero.*

L'hai beccato!

Proprio così: come ho già detto, il pensiero si manifesta sotto forma di *discorsi.*

Quest'ultimo procedimento è il più efficace, quello che potrai adottare normalmente.

Non ti fissare tuttavia con l'osservazione del pensiero, se hai difficoltà ad attuarla: la cosa importante è che tu diventi consapevole che *i tuoi pensieri sono prodotti dal tuo inconscio.*

Questo, è il risultato dell'osservazione del pensiero e quindi in questo, consiste sostanzialmente il controllo del pensiero.

Ciò vale soprattutto per i *pensieri negativi.*

Quando hai un pensiero negativo
devi essere consapevole
che esso è prodotto dal tuo inconscio.

La consapevolezza dell'automatismo del pensiero va attuata *sistematicamente.*

In pochi giorni, se ti applicherai con costanza, i tuoi pensieri negativi perderanno la loro forza e tu ti ritroverai con la mente più sgombra, ancora attraversata da pensieri automatici, che non cesseranno mai nella tua vita, ma privati della loro virulenza, quindi meno capaci di avvilirti e deprimerti, cioè di farti soffrire.

La consapevolezza dell'automatismo del pensiero è la *metodica fondamentale* da attuare per realizzare il *controllo della mente.*

La tradizione riporta tuttavia che il Buddha ha detto:

Fratelli, prima di imparare a osservare con distacco il pensiero, dovete imparare a osservare e a calmare il vostro respiro, il vostro corpo e le vostre emozioni.

Quando avrete calmato il vostro respiro, il vostro corpo e le vostre emozioni, praticate con continuità l'osservazione distaccata del pensiero.

La coscienza distaccata del pensiero, insieme con l'osservazione consapevole del respiro rafforza la concentrazione.[18]

Come mai?

Perché la mente non è una struttura o una funzione separata dal corpo e quindi non puoi calmare la tua mente senza calmare anche il tuo corpo.

Mente e corpo sono in realtà una stessa struttura che possiamo chiamare *psicosoma.*[19]

Come ha messo in rilievo la *Vipassana*, la tecnica di meditazione tradizionale buddhista, le funzioni che costituiscono la persona umana sono distinguibili didatticamente in tre processi: *respiro*, *corpo* e *mente.*

Questi tre processi sono integrati e interagenti fra loro, per cui una tensione presente in uno qualsiasi di essi corrisponde a una tensione presente negli altri due e ognuna di esse è insieme effetto e causa delle altre.

[18] *Suttapitaka*, *Majjhima-Nikaya*, *Cularahulovada Sutta.*

[19] Vedi K. Dychtwald, *Bodymind*, 1977; trad. it. *Psicosoma*, Astrolabio, Roma, 1978.

La cosa può essere compresa meglio da questo diagramma di flusso:

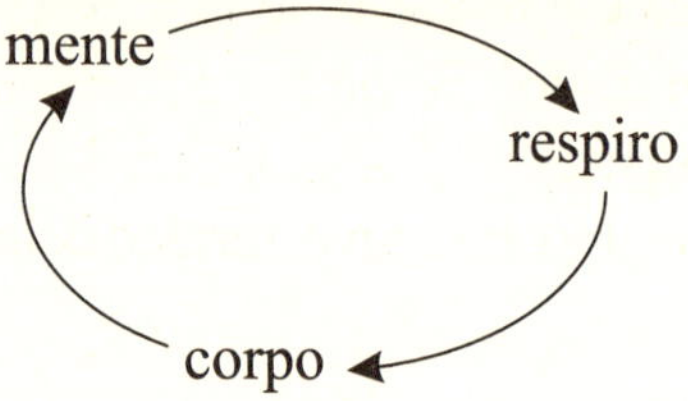

Come si vede dal diagramma, ogni processo ha una relazione con gli altri che è insieme una relazione di *condizionante* e di *condizionato.*

La *Vipassana* si applica particolarmente al *respiro.*

Infatti il suo nome completo è *Anapanavipassana*, che significa «piena consapevolezza del respiro».[20]

Perché il respiro è il processo più semplice dei tre e quindi quello che più facilmente può essere tenuto sotto controllo.

La pratica della concentrazione sul respiro è molto potente.

Con essa, narra la tradizione, il Buddha raggiunse l'*illuminazione.*

È facile, concentrandosi sul respiro, raggiungere addirittura il *vuoto mentale.*

Quando avrete imparato a praticare la coscienza del respiro e del pensiero, otterrete facilmente il vuoto mentale.

[20] Per un approfondimento teorico dell'*Anapanavipassana* vedi Buddhadâsa, *Mindfulness with Breathing*, 1988; trad. it. *La consapevolezza del respiro*, Astrolabio, Roma, 1991. Ti sconsiglio però di applicarla in codesta sua versione tradizionale, perché troppo lunga e complicata.

Il vuoto mentale è la condizione naturale della mente, così come il riposo è la condizione naturale del corpo.[21]

Il vuoto mentale è molto utile perché ci permette di eliminare la tensione, cioè la *sofferenza*, presente normalmente nella nostra mente.

Un buddha è uno che vive tendenzialmente nel vuoto mentale.

Un buddha vive tendenzialmente nel vuoto mentale.

Occorre tuttavia che tu ti chiarisca due cose, al riguardo.

La prima è che il vuoto mentale non deve essere ricercato *ossessivamente.*

Infatti questo genererebbe *tensione*, invece di eliminarla.

La seconda è che il vuoto mentale non può essere mantenuto *sempre.*

Tu non ti devi fare l'idea errata che per diventare un buddha devi smettere definitivamente di pensare, cosa non solo impossibile ma addirittura pericolosa.

Semplicemente, il pensiero non va usato inutilmente ma soltanto nei casi in cui esso serve davvero, in cui è utile al nostro *benessere* o addirittura alla nostra stessa *sopravvivenza.*

Infatti da una parte è praticamente impossibile smettere definitivamente di pensare, perché il pensiero involontario si forma automaticamente, dall'altra pensare ci serve per risolvere i *problemi pratici.*

Questa è infatti la funzione biologica del pensiero: risol-

[21] *Suttapitaka, Majjhima-Nikaya, Cularahulovada Sutta.*

vere i problemi pratici mediante la simulazione delle loro possibili soluzioni.

Lo stato di buddhità consiste più precisamente in uno stato mentale in cui il pensiero è usato *volontariamente* ed è limitato alla soluzione di problemi pratici e, quando esso travalica questa sua finalità naturale e si produce automaticamente a causa di una spinta nevrotica, è *contenuto e attenuato*, perché la coscienza, l'*Io*, rimane al suo esterno nella posizione del Nobile Distaccato Osservatore.

Praticare la concentrazione sul respiro non richiede condizioni particolari né di tempo né di luogo.

Non occorre chiudersi in una stanza deserta e silenziosa né ritirarsi in un eremo.

Si può praticare in qualunque momento e in qualunque situazione, anche attaccati alla maniglia di un autobus.

È sufficiente

fare otto respiri profondi e calmare il respiro.

Occorre tuttavia imparare a usare tutti i polmoni, per respirare, e non soltanto una parte di essi.

Se si vuole, e se si può, basta proseguire a mantenere calmo il respiro, per il tempo che si desidera.

Non è importante tanto il mantenerlo a lungo in una condizione di calma, quanto il portarlo spesso, in questa condizione.

Quindi, invece che lunghe sessioni di calma del respiro, brevi sessioni ma fatte frequentemente.

Con la frequenza che decidi tu e che senti che va bene per te.

In conclusione, la *pratica* a cui devi applicarti per realizzare il *controllo della mente* è la seguente:

ESERCIZIO 1

1 calmo il respiro;
2 utilizzando il respiro rilasso il corpo;
3 continuo a tenere calmo il respiro e osservo con distacco i pensieri e le emozioni che si presentano alla mia mente.
4 sono consapevole che i miei pensieri sono prodotti dal mio inconscio.

Questo esercizio è facile che ti conduca, come ho detto, al *vuoto mentale.*

ESERCIZIO 1A
(in caso di pensiero negativo invadente)

1 prendo coscienza che la mia mente è invasa da un pensiero-emozione negativo;
2 sviluppo nella mia mente il pensiero-emozione positivo antagonista.

Ti applicherai all'ESERCIZIO **1** *per una settimana.*

Saltuariamente, se necessario, ti applicherai anche all'ESERCIZIO **1A**.

Non avrai bisogno né di condizioni né di ambienti particolari.

Esso può essere infatti praticato dovunque.

Quante volte e con quale durata?

Sarai tu a deciderlo.

Più lo farai, prima diventerai un buddha e più lo diventerai in modo *permanente.*

In questa prima settimana il tuo obiettivo principale sarà comunque questo:

controllare la tua mente

Se vuoi, in questa settimana puoi usare un *mantra* di rinforzo, da recitare *mentalmente*, nei tempi che decidi tu:[22]

io controllo	*inspirazione*
la mia mente	*espirazione*
io sono	*inspirazione*
un buddha	*espirazione*

Per le signore:

io controllo	*inspirazione*
la mia mente	*espirazione*
io sono	*inspirazione*
un'illuminata	*espirazione*

[22] Un *mantra* è una qualsiasi parola o frase ripetuta con continuità. La preghiera, ad esempio, è un mantra. L'uso di un mantra è importante. Esso ha un influsso sull'*inconscio*. Registra nell'inconscio una *suggestione* che produce automaticamente pensieri, emozioni, comportamenti. Cioè ti *trasforma*. In più dà altri due risultati. Impedisce la produzione automatica di pensieri negativi. Ti dà il pieno controllo della tua mente (e del tuo corpo se lo reciti insieme con il respiro). Due regole: recitalo sempre *mentalmente* e non confidare a nessuno questa tua pratica. La prima regola ti impedisce di essere portato alla Neuro contro la tua volontà. La seconda ti impedisce di disperdere l'energia della tua trasformazione.

Capitolo quindicesimo

La presenza nella realtà

La realizzazione di questo potere, il secondo nel nostro progetto di buddhità, non è possibile se si ha la mente invasa dai pensieri.

Vediamo quindi come il potere precedente, il controllo della mente, che conduce all'*attenuazione del pensiero*, sia necessario alla realizzazione di questo secondo potere.[1]

Non solo, ma esso permette e agevola la sua realizzazione.

Una volta attenuato il pensiero o addirittura svuotata la mente, infatti, ti riuscirà spontaneo rivolgere la tua attenzione alla realtà.

Ma qual è, la realtà?

La realtà è l'ambiente che ci circonda.

La realtà è l'ambiente che ci circonda

[1] Anche lo *Zen* percorre la via dell'attenuazione del pensiero prima di attuare la concentrazione esclusiva dell'attenzione sulla realtà: il *koan* (un enigma assurdo che il maestro propone al discepolo) non ha infatti altro scopo che convincere l'adepto dell'inutilità del pensiero e indurlo quindi a rivolgere la propria attenzione alla realtà.

L'ambiente che ci circonda è infatti, per ognuno di noi, la *nostra realtà*.

Non è così banale, questo fatto.

Ti metto alla prova.

Siamo a New York, seduti nella veranda della Times Square Brewery.

Ti domando: «Per te, place Pigalle a Parigi è reale?»

Probabilmente tu mi rispondi: «Sì».

Invece no.

Se tu ti trovi a New York, in Times Square, l'ambiente che ti circonda è Times Square a New York, non place Pigalle a Parigi.

Quindi la *tua realtà* è Times Square a New York.

Parigi e place Pigalle non sono l'ambiente che ti circonda.

Non sono la tua realtà.

Essi sono soltanto nella tua mente, nella tua memoria, non sono nella tua *realtà*.

Ma nemmeno Herald Square di New York è reale per te, se ti trovi in Times Square.

Perché nemmeno Herald Square è l'ambiente che ti circonda.

Nemmeno Herald Square per te è reale.

Riesci a capire?

La tua realtà è l'ambiente che ti circonda e che tu percepisci con i tuoi sensi.

Quindi la tua realtà è Times Square a New York.

Nient'altro.

Parigi e place Pigalle saranno la realtà di chi si trova a Parigi in place Pigalle, ma non *la tua* realtà.

La tua realtà è soltanto Times Square a New York, perché tu ti trovi precisamente in Times Square a New York, e quella, e soltanto quella, è per te la tua realtà.

Se tu ti comportassi in Times Square a New York come

se fossi a place Pigalle a Parigi, non saresti in sintonia con la realtà.[2]

Non saresti presente alla tua realtà.

Non dirmelo.

Ti viene alle labbra l'obiezione: « E la guerra? »

Certo, la guerra è reale, ma è reale per quelli che ci sono dentro, non per noi che ce ne stiamo qui tranquillamente seduti a leggere questo libro.

Se telefoni ai soldati in guerra te lo confermano subito e ti mandano anche subito a dare via il salvadanaio.

Perché per noi che ce ne stiamo qui tranquillamente seduti a leggere questo libro, la guerra è soltanto nella nostra mente, non nella nostra realtà.

Come disse il paracadute, adesso mi spiego meglio.

Ho già detto in un mio precedente libro che esistono due mondi:

1 il *mondo della mente*
2 il *mondo della realtà.*[3]

Banalmente

Il mondo della realtà è reale,
il mondo della mente non è reale.

Degli oggetti presenti alla nostra coscienza, infatti, alcuni

[2] E finiresti probabilmente a passare la notte in una centrale di polizia: gli americani, si sa, sono dei puritani. Place Pigalle è piena di locali porno e se tu ti comportassi nei locali di Times Square come ti comporteresti nei locali di place Pigalle (toccando ad esempio il sedere alle ragazze) finiresti in una centrale di polizia (gli americani sono molto suscettibili riguardo al sedere delle loro ragazze).

[3] Vedi *Come smettere di farsi le seghe mentali*, op. cit., pagg. 47-48.

appartengono alla realtà che ci circonda, altri appartengono alla nostra mente, cioè *alla nostra memoria*.

Noi tendiamo a credere reali entrambi tali oggetti, ma non è così.

Sono reali soltanto gli oggetti che appartengono all'ambiente che ci circonda, non quelli che appartengono alla nostra memoria.

La cosa ti può sembrare discutibile, se sei ancora fortemente ancorato al mondo della tua mente, ma ti do una prova drammaticamente incontrovertibile.

Un tuo parente deceduto è indubbiamente ancora presente nella tua memoria, ma è evidente che egli non è presente nell'ambiente che ti circonda (e nemmeno in quello che non ti circonda) e quindi non è reale.

Purtroppo.

Altri esempi meno forti ma altrettanto incontrovertibili sono oggetto della nostra esperienza quotidiana.

Un esempio per tutti.

Totò, il grande napoletano, un giorno arriva tardi a un appuntamento.

L'amico gli chiede:

«Che ti è successo?»

«Ho fatto tardi perché mi ha fermato uno e mi ha detto: 'Vincenzo, brutto disgraziato!'»

«E tu?»

«Io niente. Zitto».

«E poi?»

«E poi ha continuato. 'Vincenzo, figlio di un cane!'»

«E tu che hai fatto?»

«Io sempre niente. Zitto».

«E lui ha continuato ancora?»

«Sissignori. E ha caricato la dose: 'Vincenzo' mi ha detto, 'io ti devo ammazzare!'»

«E tu che hai fatto?»

«Io me ne sono andato».
«Come? Non hai reagito?»
«No».
«E perché?»
«Che me frega a me? Mica sono Vincenzo, io!»
Questa distinzione fra parole, pensiero e realtà a Napoli, dove i buddha abbondano, è ben chiara.[4]
Più si va al Nord più questa distinzione si attenua.
In Svezia se dite «scemo» a uno, quello si suicida.
L'attribuzione di realtà agli oggetti della nostra mente è precisamente la *causa tecnica* della nostra sofferenza psichica.
Noi soffriamo a causa dei fantasmi della nostra mente.

I fantasmi del vostro pensiero non sono reali.
Essi sono generati dal vostro attaccamento, e quindi dal vostro desiderio, dal vostro odio, dalla vostra ira, dalla vostra paura.
Fratelli, i fantasmi del vostro pensiero sono generati da voi stessi.[5]

Noi soffriamo perché prendiamo *per reali* i fantasmi della nostra mente.
È fondamentale, quindi, che tu impari a distinguere la realtà dai fantasmi della tua mente.
Un buddha è sempre consapevole di questa distinzione.

Lo stato di buddhità comporta la consapevolezza della distinzione fra mondo della mente e mondo della realtà.

[4] Essere buddha, a Napoli, non è un optional come dalle altre parti: è obbligatorio, se no non si sopravvive.
[5] *Suttapitaka*, *Majjhima-Nikaya*, *Satipatthana Sutta*.

Questa **consapevolezza** deve diventare **permanente**.

È essa che ci induce ad abbandonare il mondo della mente e a entrare nel mondo della realtà.

Fratelli, private i vostri fantasmi immaginari del vostro consenso ed essi svaniranno.[6]

So che tu puoi avanzare l'obiezione che avanzano a buon diritto tutti coloro che non soltanto sono affezionati al mondo della propria mente ma esaltano la bellezza e la potenza delle sue creazioni.

La realizzazione del secondo potere della buddhità, la presenza nella realtà, non nega né quella bellezza né quella potenza, ma ti offre semplicemente una via d'uscita alla tua *sofferenza*, che è generata dalla tua stessa mente.

Il buddhismo ha infatti questo solo scopo: la liberazione dalla sofferenza.

Esso ti dice soltanto questo: non puoi sconfiggere i fantasmi della tua mente rimanendo nella mente.

Devi uscire dalla tua mente ed entrare nella realtà.

È proprio per questo, che l'avere attenuato il pensiero ci permette con grande naturalezza e senza nessuno sforzo, cioè spontaneamente, di attuare il secondo potere della buddhità: la *presenza nella realtà.*

Nella realtà non c'è mai sofferenza.

Anche questa verità, lo so, ti è difficile da credere.

Prendiamo, se vuoi, ancora una volta un caso estremo.

Ti viene a mancare una persona cara.

Tu credi che sia la realtà la causa della tua sofferenza, perché nella realtà quella persona non c'è più.

Ma è proprio qui il punto.

[6] *Suttapitaka*, *Majjhima-Nikaya*, *Satipatthana Sutta*.

Nella realtà non c'è più quella persona, ma è tutto qui.

Nella realtà non c'è nessuna sofferenza.

Il sole continua a sorgere, le nuvole continuano a correre in cielo e gli uccellini continuano a cantare.

La sofferenza è solo dentro di te.

Tu credi che sia la realtà, la causa della tua sofferenza e quindi attribuisci la tua sofferenza alla realtà stessa.

Ma la sofferenza non è un oggetto che si possa rinvenire nella realtà.

È *uno stato psichico.*

Cioè una cosa che sta dentro la tua *mente.*

Un famoso *koan zen* recita:

Mostrami la mano nella quale tieni la tua sofferenza.[7]

Farlo non è possibile perché la sofferenza appartiene al *mondo della mente* e non al mondo della realtà.

Tanto è vero che una stessa realtà ad alcuni procura sofferenza, ad altri no.

La presenza nella realtà è l'*esperienza zen.*

È per questa ragione, che l'esperienza zen non può essere descritta a parole ma soltanto *vissuta*, come dichiarano candidamente tutti quelli che scrivono libri su di essa.[8]

[7] Dopo un mese di raccoglimento, il discepolo al quale il maestro rivolse questa domanda ritornò dal maestro e gli disse: «La destra» e il maestro gli diede una bastonata sulla schiena (i maestri zen sono molto maneschi). Dopo un altro mese, con aria trionfante e furba, ritornò e gli disse: «La sinistra» e il maestro gli diede un'altra bastonata sulla schiena. A questo punto il discepolo gridò: «Vaffanculo vecchio rincoglionito, te e le tue domande del cazzo!» (traduzione letterale dal giapponese). Il maestro allora lo abbracciò esultante: «Finalmente hai capito, figlio mio, che sono domande del cazzo!»

[8] Ma allora, ti chiederai, perché ci scrivono sopra dei libri? Ti sei mai chiesto come fanno a campare quelli che fanno zen (che consiste

Proprio perché l'esperienza zen è appunto l'esperienza della presenza nella realtà.

Possiamo allora ricorrere proprio alla tradizione zen, per dare un'idea di tale esperienza.

Essa riporta il seguente aneddoto.

Mentre Yao-shan Wei-yen stava quietamente seduto a gambe incrociate, un monaco venne da lui e chiese:

«Cosa stai pensando in questa posizione immobile?»

«Penso a ciò che è al di là del pensiero».

«Come procedi nel pensare a ciò che è al di là del pensiero?»

«Col non pensare».[9]

Ma non occorre andare in Cina o in Giappone, per incontrare persone zen.[10]

Basta andare in Sardegna.

Un giorno a Orgòsolo incontrai un pastore di pecore.

Gli chiesi:

«Cosa fa tutto il giorno?»

«Guardo le pecore».

«E a cosa pensa?»

«A cosa devo pensare? Guardo le pecore che non me le rubano!»

La presenza nella realtà non ha bisogno di spiegazioni

nel non fare assolutamente niente)? Scrivendo libri! Io sono un maestro zen!

[9] Hui-Neng (Wei-Lang), *Sutra*, 23.

[10] Lo zen non è nato in Giappone, ma in Cina nel VI secolo dopo Cristo, dove prese il nome di *Chan* (dal sanscrito *Dhyan*, contemplazione, una fase dello yoga). Poi fu esportato in Giappone nel XIII secolo, dove prese appunto il nome di *zen*.

ulteriori, perché non è una cognizione intellettuale ma un'*esperienza*.

Per capirlo definitivamente fai una cosa.

Metti giù questo libro e vai in bagno.

Infilati nella doccia o nella vasca da bagno e apri il rubinetto.

E pensa: «Sto facendo una doccia. Una cosa normale».

Quando avrai preso coscienza che fare una doccia vestiti non è del tutto normale, avrai preso contatto con la realtà e avrai visto la differenza fra la realtà e il pensiero.[11]

La *pratica* a cui devi applicarti per realizzare la *presenza nella realtà* è la seguente:

ESERCIZIO 2

1 **calmo il respiro, rilasso il corpo, osservo con distacco i pensieri**;
2 **esco dalla mente e osservo l'ambiente che mi circonda**;
3 **compio delle *azioni* qualsiasi (interazioni con la realtà)**;[12]
4 **rimango nella realtà.**[13]

Ti applicherai a questo esercizio *per una settimana.*[14]

[11] È per questo che ai matti fanno sempre la doccia. Quello che non si spiega è perché gliela facciano gelata.

[12] Ad esempio togli la polvere dal pianoforte e stendi bene il ricamo sotto la tazzina del caffè. Se non hai il pianoforte e nemmeno il ricamo ma soprattutto non hai la tazzina del caffè, stai proprio inguaiato. Prova al bar. Digli che ti mando io.

[13] Cioè continua a togliere la polvere. Quando hai finito con la polvere comincia a lavare i vetri. Poi passa ai tappeti. E infine rifai i letti e gira i materassi. Se fai questo esercizio tutte le mattine puoi fare a meno della donna di servizio.

[14] Dopo di che puoi richiamare la donna di servizio.

Non avrai bisogno né di condizioni né di ambienti particolari.

Questo esercizio può essere praticato dovunque.[15]

Con la frequenza e la durata che vorrai.

Ma più lo farai meglio sarà.[16]

In questa seconda settimana il tuo obiettivo principale sarà questo:

vivere nella realtà

Se vuoi, in questa settimana puoi usare un *mantra di rinforzo*, da recitare *mentalmente*, nei tempi che decidi tu:

io vivo	*inspirazione*
nella realtà	*espirazione*
io sono	*inspirazione*
un buddha	*espirazione*

Per le signore:

io vivo	*inspirazione*
nella realtà	*espirazione*
io sono	*inspirazione*
un'illuminata	*espirazione*

[15] Anche in casa degli altri. In questo caso ti frutta anche qualcosa.
[16] Più lo fai e più ci guadagni.

Capitolo sedicesimo

La consapevolezza del cambiamento ovvero l'Illuminazione

La realizzazione del secondo potere, la presenza nella realtà, permette la realizzazione del terzo potere della buddhità, la *consapevolezza del cambiamento.*

È infatti proprio la presenza nella realtà, che ci permette di osservare la realtà nella sua oggettività e scoprire che in essa non vi sono né oggetti né eventi né persone che rimangono uguali a se stessi.

Anzi, neppure dentro di noi, nella nostra mente, i nostri stati mentali rimangono uguali a se stessi.

Infatti

Tutto è in continua trasformazione.

Questa è la *grande scoperta* che noi facciamo osservando la realtà per quello che è.

Questa grande scoperta costituisce la famosa ***illuminazione.***

Essa è accompagnata da un'altra scoperta: che le cose dell'universo sono tutte *dipendenti* fra loro.

Immagina un enorme biliardo dove un numero infinito di bilie si muovono continuamente urtandosi fra loro: il moto di ognuna di esse è determinato dal moto di *tutte le altre.*

L'universo è fatto proprio così.

È appunto l'interdipendenza, che dà luogo al continuo cambiamento: nessuna bilia può fermarsi perché il moto di tutte le altre la costringe a muoversi continuamente.

Così non esistono persone, cose e situazioni che rimangono uguali a se stesse.

Ce lo dice anche la nostra *scienza fisica.*

Questa acquisizione conoscitiva è indubbiamente un *atto intellettivo.*

Ed è relativamente facile, farlo, da parte di chiunque.

Allora?

Siamo tutti illuminati?

L'illuminazione è una cosa così semplice e facile da ottenere?

Tutto qui?

Naturalmente no.

L'illuminato non è semplicemente uno che ha scoperto che nella realtà tutto è soggetto a continuo cambiamento, ma uno che, una volta acquisita, *non perde mai questa consapevolezza.*

L'illuminazione consiste nella
costante *consapevolezza*
del continuo cambiamento della realtà.

Questa scoperta, infatti, perché l'illuminazione sia effettiva, deve essere introiettata a livello psichico profondo, ossia a *livello inconscio*, e ciò non può avvenire a seguito di un semplice ragionamento.

Essa deve essere acquisita mediante un atto che comporti anche uno *stato emozionale*, poiché l'inconscio, ossia la *memoria*, memorizza in modo favorevole alla riproduzione, e quindi in modo condizionante la percezione cosciente, soltanto le esperienze accompagnate da uno stato emozionale.

Ecco perché il Buddha dice che di questa acquisizione o consapevolezza occorre fare *esperienza personale.*

Occorre osservare la realtà e constatare di persona come essa si riveli essere in continua trasformazione e quindi priva di qualsiasi permanenza.

Una *perdita*, così, diventa l'occasione di questa esperienza.

È questo un modo di utilizzare la sofferenza come mezzo di crescita di coscienza, come lo stesso Buddha aveva indicato.

Così questa esperienza diviene, per noi, una scoperta carica di *emozione*, perché demolisce la nostra convinzione che la realtà sia costituita di cose, di persone, di oggetti che noi pensiamo determinati e sempre uguali a se stessi, come fuori del tempo, eterni, *che non vengono mai meno.*

Soltanto in questo modo questa esperienza diviene per noi, come lo fu per il Buddha, un'*illuminazione.*

Perché ciò avvenga occorre richiamare alla mente *il più frequentemente possibile*, attraverso l'osservazione della realtà dentro di noi (intrapsichica) e fuori di noi (extrapsichica), la *consapevolezza del suo continuo cambiamento.*

La perdita diventa così un argomento su cui dobbiamo meditare frequentemente.[1]

Ma perché si forma nella nostra mente una rappresenta-

[1] La meditazione sulla morte è un leitmotiv del buddhismo, ma non credere che questo lo connoti come tragico o pessimista. Al contrario, il pensiero della morte esalta l'importanza e la sacralità della vita, che in tal modo viene più apprezzata e goduta. Anche gli antichi romani tenevano nei loro banchetti uno scheletro simbolico per ricordare la caducità della vita («Memento mori!») per godersela di più.

zione della realtà che ci fa credere che esistano cose determinate, definite, uguali a se stesse nel tempo?

La realtà, e la vita, è come un film, che consiste nell'azione risultante dalla proiezione continua dei suoi fotogrammi e non nei suoi fotogrammi singoli.

La vita è un film, non una fotografia.

La vita è *dinamica*, non statica.

Noi invece prendiamo un fotogramma del film, lo archiviamo nella nostra memoria, e gli attribuiamo un'esistenza reale.

Così, noi vediamo nostra madre, nostro padre, i nostri amici, noi stessi.

Come dei fotogrammi, fermi, fissi, determinati.

E crediamo che essi siano qualcosa di determinato, di sempre uguale a se stesso, di fisso.

Anzi ci aspettiamo che essi siano così sempre e ci stupiamo e ci adiriamo quando scopriamo che non è così, che essi cambiano e non sono quelli che avevamo creduto.[2]

La vita è un film, ma nella nostra mente ci sono delle fotografie e noi scambiamo quelle fotografie per la vita.

Perché?

Perché la nostra *personalità infantile*, che ci portiamo sempre dietro e che è pronta a balzare in primo piano a ogni crisi esistenziale (una malattia, una perdita, un insuccesso), e che alcuni non superano e non abbandonano mai, è incapace di affrontare il cambiamento perché è incapace di dominare la realtà.

[2] Questo errore cognitivo porta a *enormi sofferenze*: è frequentissimo il caso in cui coppie di coniugi si dividono perché uno dei due scopre (magari dopo vent'anni) che l'altro non è «come lui (o più spesso lei) credeva». Cfr. il mio libro *Alla ricerca delle coccole perdute*, op. cit., pag. 129.

Quindi noi ci creiamo un'illusione di sicurezza ritagliando dei fotogrammi dal film della nostra vita e attribuendo loro un valore di realtà.[3]

Ecco che allora vivere l'illuminazione buddhista diventa anche *crescere psicologicamente*, passare dalla personalità infantile a quella adulta e divenire capaci di affrontare l'incertezza insita nella trasformazione continua della realtà.

L'illuminazione
comporta una crescita psicologica
dalla personalità infantile a quella adulta.

La *pratica* a cui devi applicarti per realizzare l'*illuminazione* è la seguente:

ESERCIZIO 3

1 **calmo il respiro, rilasso il corpo, osservo con distacco i pensieri;**
2 **osservo l'ambiente che mi circonda;**
3 **osservo il cambiamento continuo che avviene dentro di me e fuori di me;**
4 **sono consapevole della precarietà di ogni cosa.**

Ti applicherai a questo esercizio *per una settimana.*

Non avrai bisogno né di condizioni né di ambienti particolari.

Esso può essere praticato dovunque.

Nei tempi e nei modi che vorrai tu.

[3] Il che costituisce una vera e propria *nevrosi*: cfr. lo stesso mio libro *Alla ricerca delle coccole perdute*, op. cit.

In questa terza settimana il tuo obiettivo principale sarà questo:

vedere il cambiamento

Se vuoi, in questa settimana puoi usare un *mantra di rinforzo*, da recitare *mentalmente*, nei tempi che decidi tu:

io vedo	*inspirazione*
il cambiamento	*espirazione*
io sono	*inspirazione*
un buddha	*espirazione*

Per le signore:

io vedo	*inspirazione*
il cambiamento	*espirazione*
io sono	*inspirazione*
un'illuminata	*espirazione*

Capitolo diciassettesimo

Il non attaccamento

La scoperta del continuo cambiamento della realtà ha su di noi una capitale *conseguenza.*

Noi diventiamo consapevoli che

non c'è niente di fisso a cui possiamo attaccarci.

E quindi ecco che si sviluppa spontaneamente in noi il quarto potere della buddhità: il *non attaccamento.*

La realizzazione del quarto potere, il *non attaccamento*, è il passo più difficile da compiere, nel cammino verso la buddhità.

Ma è anche il più importante.

Perché esso costituisce un effettivo e definitivo passaggio dalla personalità infantile alla personalità adulta.

Costituisce un abbandono totale e definitivo del *bisogno di protezione*, di *punti di riferimento*, di *sicurezza.*

Non c'è sicurezza, infatti, nel mondo reale.

Proprio perché il mondo reale è in continuo *cambiamento.*

Quindi non vi sono né punti di riferimento né sicurezze.

La realtà a volte ce lo mostra con brutalità, questo fatto, come quando perdiamo una persona cara.

Noi allora siamo costretti a vedere la realtà com'è e per un attimo, sia pure nel dolore, viviamo l'*illuminazione.*

Ma un attimo dopo, per autodifesa, ricadiamo nell'illusione della permanenza, della staticità, della sicurezza.

È il nostro *attaccamento* che ci dà l'illusione di punti di riferimento, di sicurezze.

Lasciato l'attaccamento, si possono abbandonare le sicurezze.

È terribile?

A pensarci dall'esterno, dall'esterno cioè del non attaccamento, nella condizione dell'attaccamento, della dipendenza, dell'illusoria sicurezza, è sì, davvero terribile, perché ci si sente soli e abbandonati.

Non avere nella vita punti di riferimento, sicurezze, è sicuramente terribile.

Ma soltanto per colui che non può fare a meno di punti di riferimento e di sicurezze, che ha bisogno di assistenza e protezione.

Cioè per il *bambino*.

Per l'adulto no.

L'adulto ha raggiunto la capacità di badare a se stesso senza bisogno di assistenza e di protezione.

Non ha bisogno né di punti di riferimento né di sicurezze.

Egli ha in se stesso, il suo punto di riferimento e la sua sicurezza.

Perché è *centrato su se stesso.*

Per questo, egli è capace di andare oltre e diventare *genitore.*

È talmente sicuro di sé, è talmente capace di aiutare se stesso che diventa capace anche di *aiutare gli altri.*

Diventa capace di essere *genitore.*[1]

[1] Per l'approfondimento della dinamica di crescita psicologia attraverso le tre personalità del bambino, dell'adulto e del genitore, vedi il mio libro, *Alla ricerca delle coccole perdute*, op. cit.

Perché il non attaccamento gli fa superare anche l'*egoismo personale* dell'adulto.

Egli non pretende più nulla dagli altri, non si aspetta più nulla dagli altri.

Infatti

Un buddha non ha aspettative: accetta e gode ciò che c'è.[2]

Le *aspettative* sono infatti la causa principale della nostra sofferenza.

Vediamo allora che la realizzazione dello stato di buddhità comporta anche la realizzazione della nostra personalità di adulto e di genitore.

L'insegnamento del Buddha interessa tutta la nostra *evoluzione psicologica.*

È per questo, che nel mio libro sull'evoluzione naturale da bambino ad adulto a genitore ho affermato che lo sviluppo di queste tre personalità naturali era necessario allo sviluppo della quarta personalità, quella del buddha.[3]

Seguendo il metodo esposto in questo manuale, che è l'insegnamento stesso del Buddha, tu diventerai, se non lo sei già, adulto e genitore, e poi infine un *buddha* o un'*illuminata.*

Il non attaccamento è un potere *cruciale*, per questo processo evolutivo.

Chiariamo tuttavia una cosa.

Non attaccamento non significa non amore.

Non attaccamento non significa *non mi sta a cuore, non m'importa.*

[2] Per questo, il Buddha è stato chiamato dalla tradizione *tathata*: ciò che è.

[3] Vedi *Idem.*

Il non attaccamento non è indifferenza.
Il non attaccamento è *non pretesa di possesso.*

Il non attaccamento è
non pretesa di possesso.

Perché l'attaccamento di cui si parla non è attaccamento all'altro ma a sé.

È *attaccamento all'ego.*

Tanto è vero che è proprio l'amore, il risultato del non attaccamento, come vedremo, ed è proprio l'egoismo, invece, il risultato dell'attaccamento.[4]

Ma come fare per liberarci dell'attaccamento?

Noi abbiamo decine, centinaia, di attaccamenti.

Grandi e piccoli.

Come fare per liberarcene?

La prima cosa da fare è *prenderne coscienza.*

Diventa cosciente dei tuoi attaccamenti.

Essi si dividono in due grandi categorie: gli attaccamenti affettivi e gli attaccamenti materiali.

Nonostante il chiarimento sopra fatto, sarà meglio chiamare gli attaccamenti affettivi con il loro nome, *possessi affettivi*, altrimenti si ha difficoltà a capire quanto segue.

Dai possessi *affettivi* puoi liberarti considerando la loro *precarietà.*

O meglio, la precarietà della presenza di quella persona nella tua vita.

Questo, è il grande motore del non attaccamento, ciò

[4] Quanti, affermando di amarci, pretendono da noi presenza, disponibilità, fedeltà, dedizione, sacrificio che in realtà sono sofferenza per noi e piacere per loro? L'amore vero è desiderio della felicità dell'altro, non della nostra.

che permette la conquista di questo grandissimo potere: la consapevolezza della precarietà di ogni cosa.

La consapevolezza della* precarietà *di ogni cosa
ti permette la conquista del potere del
non attaccamento.

Sulla precarietà di ogni cosa devi meditare *frequentemente.*

Della precarietà di ogni cosa devi essere consapevole *sempre.*

***Sulla* precarietà di ogni cosa**
devi meditare
frequentemente.

***Della* precarietà di ogni cosa**
devi essere consapevole
sempre.

È l'uso sistematico del potere che hai già acquisito, la *consapevolezza del cambiamento*, a permetterti di accedere a questo potere, il *non attaccamento.*

Diventa cosciente della precarietà dell'esistenza e quindi della precarietà della presenza nella tua vita delle persone oggetto del tuo possesso affettivo.

Esse non sono eterne.

Esse non possono esserci per sempre.

Esse non possono esserci neppure per tutta la tua vita.

Quindi non puoi pretendere la loro presenza.

Come abbiamo visto pretendere la presenza di qualcuno non significa amarlo.

In realtà significa *volere essere amati da lui.*

Dietro questo falso amore infatti c'è un *bisogno* c quindi una pretesa.

Ma il bisogno non è piacere, è sofferenza, in quanto a perenne rischio di non essere appagato.

La filosofia del buddha è il *piacere*, non la sofferenza: è proprio contro la sofferenza, che egli conduce la sua battaglia.

Per questo, egli predica l'amore.

Perché l'amore è gioia, è piacere.

Amare è godere dell'esistenza dell'altro, indipendentemente dalla sua presenza.

Non è forse così l'amore per Dio?

Non ti chiedo di abbandonare le persone che ami.

Ti chiedo soltanto di diventare *libero* o *libera* di goderti le persone che ami quando ci sono e di goderti qualcos'altro quando non ci sono.

Di diventare libero o libera da pretese nei loro confronti e capace di goderti la tua disponibilità per loro.

Perché essere disponibili, darsi, è un piacere.

Questo, è l'amore, che come vedi deriva dal non attaccamento, o meglio dal non possesso affettivo.

Degli attaccamenti *materiali* puoi liberarti considerando la tua *capacità di farne a meno.*

Incomincia individuando un tuo piccolo attaccamento.

Non cominciare con i *vizietti* come il fumo, il whisky e via dicendo.

Questi non sono piccoli attaccamenti: sono fra i più grandi che hai.

Perché sono *tettarelle.*

Le tettarelle del bambino.

E la tua personalità di bambino, non avendo una mamma a cui succhiare i capezzoli, si succhia sigarette, cioccolatini, whisky e quant'altro.

Per il momento questi lasciali stare.

Potrai liberartene soltanto quando la tua personalità adulta avrà preso il sopravvento.

Prendi un piccolo attaccamento, come ad esempio il guardare la tua trasmissione televisiva preferita.

E comincia a pensare cosa sarebbe della tua vita se questa trasmissione fosse eliminata.

Scoprirai che non accadrebbe nulla di particolarmente tragico.

Faresti a meno di vederla e basta.

Tutto qui.

Il che è esattamente quello che prima o poi dovrà effettivamente accadere.

Prima o poi dovranno pure smettere di farla.[5]

Non devi naturalmente smettere di guardarla.

Un buddha non è un masochista.

Devi semplicemente diventare capace di farne a meno.

Devi diventare capace di vederla o non vederla secondo la tua volontà.

Cioè diventare *libero* di vederla o non vederla.

Questo, è l'eliminazione degli attaccamenti materiali.

Fai l'esercizio di non guardarla, qualche volta, facendo qualche altra cosa di interessante.[6]

Poi passa a un altro piccolo attaccamento e così via via fai la scalata di tutti i tuoi attaccamenti fino ad aggredire e sgretolare anche quelli grossi, quelli di cui si diceva sopra, le sigarette, i cioccolatini e quant'altro.

Quando ti sarai liberato o liberata dei tuoi attaccamenti, soprattutto del tuo attaccamento alla pretesa che tutto ri-

[5] Molti avrebbero giurato sulla durata eterna di trasmissioni come *Maurizio Costanzo Show*, ma anche lui a un certo punto si è rotto le balle di farla.

[6] Come ad esempio fare due salti sulla veranda. Se poi pure a Veranda piace quella trasmissione e be', cosa volete che vi dica? E guardatevela insieme!

manga sempre uguale a se stesso e come lo vuoi tu, scoprirai una cosa meravigliosa.

Che la consapevolezza della precarietà della vita e di tutte le cose ti fa apprezzare mille volte più di prima la loro unicità, la loro bellezza.

Ogni attimo diventerà infatti per te unico e irripetibile e tu ne diventerai consapevole.

E allora assaporerai con incredibile piacere ogni cosa, ogni persona, ogni situazione, per quanto fastidiose, per quanto disgustose siano.

Anzi, ed è qui la grandezza della buddhità, non vedrai neppure più il fastidioso, il disgustoso, il brutto, il cattivo.

Perché ogni cosa, vista nella sua precarietà e nella sua unicità, è meravigliosa, per il solo fatto di esistere.

Per non dire delle persone.

Ogni persona infatti, per quanto meschina, insignificante, persino fastidiosa, antipatica, cattiva, e soprattutto stupida, è unica, meravigliosa in quanto esistente, viva, reale.[7]

E tu, se ti sarai liberato o liberata degli attaccamenti, saprai apprezzarla, amarla.

Saprai goderla quando c'è.

Senza pretendere che ci sia quando non c'è.

E senza pretendere che sia diversa da come è.

Cioè senza *attaccamento*.

Perché l'attaccamento è sempre attaccamento a ciò che non c'è, in quanto è *desiderio di ciò che non c'è*.

[7] Gli stupidi sono un'invenzione straordinaria. Prima di tutto se non ci fossero noi non potremmo sentirci intelligenti. Poi sono divertentissimi. Il trucco per divertirsi è sapere che sono stupidi. Se credi o ti aspetti che siano intelligenti ci rimetti il fegato. E magari scopri che lo stupido sei tu.

L'attaccamento è desiderio di ciò che non c'è.

Il non attaccamento invece è sostanzialmente non desiderio: *il non pretendere ciò che non c'è ma apprezzare, godere ciò che c'è.*

Il non attaccamento è non pretendere ciò che non c'è ma apprezzare e godere ciò che c'è.

Prova a fare questo salto e la tua vita cambierà.

Fai il grande salto e rinuncia a ogni sicurezza e diventa consapevole in ogni momento della tua vita dell'assoluta precarietà ma insieme dell'unicità, dell'irripetibilità, della meravigliosità, della miracolosità di ogni suo attimo, di ogni cosa con cui tu entri in contatto, di ogni persona, di ogni situazione.

Realizza il quarto potere, il non attaccamento, e la tua buddhità sarà veramente a portata di mano.

La *pratica* a cui devi applicarti per realizzare il *non attaccamento* è la seguente:

ESERCIZIO 4

1 **calmo il respiro, rilasso il corpo, osservo con distacco i pensieri;**
2 **osservo l'ambiente che mi circonda;**
3 **sono consapevole della precarietà di ogni cosa;**
4 **faccio crescere dentro di me il non attaccamento.**

Ti applicherai a questo esercizio *per una settimana.*

Non avrai bisogno né di condizioni né di ambienti particolari.

Esso può essere praticato dovunque.

In questa quarta settimana il tuo obiettivo principale sarà questo:

liberarti dagli attaccamenti

Se vuoi, in questa settimana puoi usare un *mantra di rinforzo*, da recitare *mentalmente*, nei tempi che decidi tu:

io non ho	*inspirazione*
attaccamenti	*espirazione*
io sono	*inspirazione*
un buddha	*espirazione*

Per le signore:

io non ho	*inspirazione*
attaccamenti	*espirazione*
io sono	*inspirazione*
un'illuminata	*espirazione*

Capitolo diciottesimo

L'amore universale

Se ti fermassi alla realizzazione dei quattro poteri precedenti tu non saresti ancora un buddha.

Saresti un individuo autocentrato, autosufficiente, capace di bastare a se stesso e di godere di ogni situazione ma sostanzialmente isolato dagli altri, privo di quella capacità di comunicazione con gli altri esseri viventi e con l'intero universo che fa di noi umani esseri autocoscienti e capaci di *amare.*

Avresti sviluppato la tua personalità *adulta*, avresti imparato ad affrontare da solo la precarietà e l'insicurezza della vita.

Avresti sviluppato anche la tua personalità *genitoriale*, quella che ti rende capace di accettare gli altri come sono e di apprezzarne comunque la bellezza e l'unicità.

E magari di aiutarli.

Ma non saresti un buddha o un'illuminata.

Perché non avresti realizzato quella *serenità* che abbiamo visto essere la caratteristica fondamentale di un buddha.

Ed essa si realizza soltanto con l'*amore universale.*

Soltanto con l'amore universale, la vita si colma di pace e di gioia.[1]

[1] *Suttapitaka, Majjhima-Nikaya, Piyajatika Sutta.*

Non si può realizzare quindi compiutamente lo stato di buddhità se non si realizza questo quinto potere: l'*amore universale*.

Esso è anzi l'*essenza*, dello stato di buddhità.

Soltanto nell'*amore universale*, infatti, noi realizziamo quella ***serenità*** che abbiamo stabilito come nostro *obiettivo* iniziale.

Allora perché, mi chiederai, faticare a realizzare i quattro poteri precedenti e non realizzare subito e unicamente l'amore universale?[2]

Perché l'amore universale non si può realizzare se prima non si sono realizzati i precedenti quattro poteri.

Non si può amare l'intero universo se prima non si è imparato a controllare la mente, a essere presenti nella realtà, a vedere il cambiamento, a lasciare gli attaccamenti.

L'amore universale si può nutrire soltanto con una mente libera dalla paura, con un contatto con la realtà, con la liberazione dai bisogni egoici.

Essi sono impedimenti, confini, condizioni negative.

L'amore universale non ha confini, né condizioni, né termine.

L'amore universale è un'emozione che riempie la nostra mente e il nostro corpo fino all'ultima nostra cellula.

L'amore universale è il nostro espanderci all'intero universo, è il nostro acquistare coscienza dell'universo al quale apparteniamo, è *diventare l'universo.*

L'amore universale è
essere in contatto con l'universo,
è diventare l'intero universo.

[2] Questa smania di avere tutto e subito è tipica dei bambini. Vuoi farti un auto-test? Se hai la smania di avere tutto e subito sei un bambino.

Cosa penseresti di una goccia dell'oceano che nell'attimo in cui si libra nell'aria sopra l'oceano credesse di esistere come essere separato dall'oceano a cui appartiene?

Che è una pazza![3]

È esattamente quello che fai tu tutte le volte che ti senti solo o sola, che credi di essere separato o separata dagli altri, dall'universo a cui appartieni.

Proprio questo, ha scoperto il Buddha con l'*illuminazione*: che noi altro non siamo che cellule di un universo eterno, infinito, in continua trasformazione.

E questo stesso, hanno sperimentato i mistici di tutti i tempi e di tutte le culture: hanno vissuto la consapevolezza dell'appartenenza, della comunione con la totalità, che essi hanno identificato con la divinità.

Ma come sviluppare dentro di te l'amore universale?

Il Buddha ci ha dato una grande indicazione.

La *compassione.*

Nell'amore universale vi è compassione e dedizione.

Compassione e dedizione hanno come fine la felicità di tutti e non pretendono nulla in cambio.[4]

La compassione è *la pianta da cui sboccia il fiore dell'amore.*

Soltanto la compassione fa crescere dentro di noi l'amore.

Perché noi proviamo naturalmente amore verso i cuccioli?

[3] Quello di arrivare a dare della pazza a una povera goccia d'acqua ti dimostra che a diventare un buddha si trascende veramente qualsiasi limite.

[4] *Suttapitaka*, *Majjhima-Nikaya*, *Piyajatika Sutta.*

E bada: non soltanto i cuccioli umani ma i cuccioli di qualsiasi animale.[5]

Perché i cuccioli, con la loro debolezza, con la loro impotenza, con la loro incapacità di nutrirsi, di difendersi, di sopravvivere, *suscitano la nostra compassione.*

Ma cosa significa compassione?

Letteralmente significa provare la stessa «passione», cioè la stessa sofferenza.[6]

Quindi fare propria la sofferenza altrui.

Capire la sofferenza altrui.

È la *comprensione*, a permettere la compassione.

Secondo la tradizione, Siddhartha stesso

vide che comprensione e amore sono un'unica cosa: senza comprensione non vi può essere amore.[7]

Comprensione significa *conoscenza.*

Conoscenza della storia, della vita, della sofferenza dell'altro.

È per questo, che noi proviamo compassione per i nostri congiunti e per i nostri amici.

Perché ne conosciamo la storia, la vita, la sofferenza.

Se tu ti interessi alla storia, alla vita, alla sofferenza dell'altro, non puoi fare a meno di provare compassione per la sua sofferenza.

E provare compassione per la sua sofferenza significa *diventare lui.*

[5] C'è gente che alleva coccodrilli e si commuove quando vede i coccodrillini uscire dal loro guscetto e ballonzolare in giro pronti ad azzannare qualsiasi cosa.

[6] Il termine latino *passio* significa appunto *sofferenza*: la passione di Cristo è il suo calvario.

[7] *Buddhacarita*, III, 24.

Infatti la compassione che provi per lui è la compassione che provi per te stesso, per te stessa.

È da te stesso, da te stessa, dunque, che inizia il tuo viaggio verso l'amore universale.

Tu conosci la tua storia, la tua vita.

Tu conosci le tue sofferenze.

Come puoi non provare compassione per le tue sofferenze?

Non si tratta di autocommiserazione, di vittimismo, ma di onesta compassione per le sofferenze di quel bambino, di quella bambina, di quel giovane, di quella giovane, di quell'uomo, di quella donna che tu sei stato, che tu sei stata, che tu sei.

Se tu sei capace di compassione, di accettazione, di perdono, di stima per il bambino, la bambina, il giovane, la giovane, l'uomo, la donna che sei stato, che sei stata, che sei, tu sei capace di amore per te stesso, per te stessa.

E imparare ad amare te stesso, te stessa, è il primo passo per imparare ad amare gli altri.[8]

Quando avrai imparato ad accettarti, a perdonarti, ad avere compassione per le tue sofferenze, per le tue illusioni, per le tue passioni, per i tuoi sogni, per le tue delusioni, per le tue sconfitte, per le tue ferite, avrai imparato ad amarti.

E potrai amare gli altri.

Perché vedrai allora negli altri le tue stesse sofferenze, le tue stesse illusioni, le tue stesse passioni, i tuoi stessi sogni, le tue stesse delusioni, le tue stesse sconfitte, le tue stesse ferite.

Questo è in fondo l'amore: vedere noi stessi nell'altro.

[8] «Gesù disse 'Ama il prossimo tuo come te stesso'» (Matteo, 19, 19).

È quello stesso atto dal quale siamo partiti.

Identificarci con l'universo che ci circonda.

E allora tu diventi ogni essere vivente e non puoi non sentire la sofferenza che affligge ogni essere vivente.

Infatti non vi è alcuna differenza sostanziale fra noi e gli altri esseri viventi: entrambi partecipiamo della nostra appartenenza all'universo, entrambi partecipiamo dell'esperienza della *sofferenza*.

La considerazione della sofferenza di tutti gli esseri induce alla *compassione* per tutti gli esseri e la compassione altro non è che *amore*.

Se tu hai davvero superato il tuo attaccamento ai tuoi congiunti, ai tuoi parenti, ai tuoi amici, a quei pochi esseri viventi dai quali fai dipendere la tua felicità, allora sei libero, libera, di amare ogni essere vivente dell'universo.

Parlando dell'amore, ci si riferisce di solito all'amore fra genitori e figli, marito e moglie, parenti, amici. Dipendendo per natura dai concetti di «io» e «mio», questo amore è imprigionato nell'attaccamento e nella discriminazione. La gente vuole amare soltanto i propri genitori, il proprio coniuge, i propri figli e nipoti, i propri parenti e i propri amici. Poiché è irretita nell'attaccamento, teme i mali a cui sono esposte le persone amate e se ne preoccupa prima che accadano. Poi, quando le disgrazie vengono, la sofferenza è tremenda. L'amore fondato sulla discriminazione genera il pregiudizio, ovvero indifferenza e persino ostilità nei confronti di coloro che escludiamo dal nostro amore. Attaccamento e discriminazione sono cause di sofferenza per noi stessi e per gli altri. In realtà, l'amore a cui tutti gli esseri aspirano è l'amore universale.[9]

[9] *Suttapitaka*, *Majjhima-Nikaya*, *Piyajatika Sutta*.

Perché, adesso lo puoi capire, il tuo attaccamento, il tuo possesso affettivo per quei pochi esseri viventi non era vero amore.

Era *bisogno* di essere amato o amata da loro.

Il vero amore, proprio perché in esso non c'è attaccamento all'ego, non porta con sé nessun bisogno.

Tu non ti aspetti nulla da coloro che ami.

Non t'importa se sono consapevoli o no del tuo amore.

Non t'importa se ti sono o no riconoscenti.

Non t'importa se ti restituiscono o no il tuo amore.

Importa alla madre se suo figlio è o no consapevole del suo amore?

Forse una madre ama meno il suo figlio neonato perché non è consapevole del suo amore?

Importa alla madre se suo figlio è o no riconoscente del suo amore?

Quante madri continuano ad amare il proprio figlio anche quando egli non è per nulla riconoscente del loro amore?

Importa alla madre se suo figlio le restituisce o no il suo amore?

Quante madri continuano ad amare il proprio figlio anche quando egli non restituisce il loro amore?

E quante madri continuano ad amare il proprio figlio anche quando egli ruba, mente, tradisce, uccide?

Ecco cosa è l'amore: *accettazione incondizionata.*

Questa accettazione incondizionata è il fiore che nasce da una pianta che ha due radici: il non attaccamento e la compassione.

Vedi allora come il non attaccamento ti permetta di accedere all'amore universale e come la compassione ti permetta di alimentarlo e di farlo crescere dentro di te.

Coltiva dentro di te il non attaccamento e la compassione e il fiore dell'amore universale sboccerà spontaneamente dentro di te come un fiore sboccia spontaneamente sulla pianta che lo genera.

L'amore universale, infatti, come ogni altro sentimento, si sviluppa attraverso l'*esperienza ripetuta di esso.*

È attraverso l'esperienza ripetuta dell'amore per una persona, che il nostro amore per questa persona si consolida, diventa prevalente su ogni altra cosa, diventa *assoluto.*

Così il tuo amore per l'universo, per ogni essere dell'universo, che altro non è che amore per te stesso, per te stessa, espanso, espansa all'intero universo, può essere sviluppato sperimentandolo *ripetutamente.*

Dunque per sviluppare in te l'amore universale tu devi applicarti a entrare *quotidianamente* in comunicazione con l'universo e con gli esseri dell'universo, con la loro sofferenza, fino a provare compassione per tutti gli esseri dell'universo, fino a raggiungere la consapevolezza della tua identità sostanziale con essi.

Sviluppare l'amore universale significa sviluppare la *quarta personalità* di cui noi esseri umani siamo capaci.

Significa andare oltre la nostra naturale animalità, andare oltre le nostre tre personalità naturali del bambino, dell'adulto e del genitore.

Significa diventare ***un buddha*, l'apice dell'evoluzione psicologica dell'essere umano**.

Un buddha
costituisce l'apice
dell'evoluzione psicologica
dell'essere umano.

La *pratica* a cui devi applicarti per sviluppare entro di te l'*amore universale* è la seguente:

ESERCIZIO 5

1 sono consapevole di *appartenere* all'universo;
2 considero la *sofferenza* di tutti gli esseri;
3 provo *compassione* per tutti gli esseri;
4 faccio crescere il mio *amore* per tutti gli esseri.

Ti applicherai a questo esercizio *per una settimana.*

Anche per questo esercizio non avrai bisogno né di condizioni né di ambienti particolari.

Esso può essere praticato dovunque, nei tempi che vorrai tu.

In questa quinta settimana il tuo obiettivo principale sarà questo:

prendere contatto con l'universo
e sviluppare l'amore per tutti gli esseri

Se vuoi, in questa settimana puoi usare un *mantra di rinforzo*, da recitare *mentalmente*, nei tempi che decidi tu:

io sono	*inspirazione*
un buddha	*espirazione*
io sono	*inspirazione*
amore	*espirazione*

Per le signore:

io sono	*inspirazione*
un'illuminata	*espirazione*
io sono	*inspirazione*
amore	*espirazione*

Capitolo diciannovesimo

Il mantenimento dello stato di buddhità

Adesso tu sei un *buddha* o, se sei una signora, un'*illuminata*, anche se la tua buddhità è soltanto *iniziale* e va rafforzata e ampliata, fino a farla divenire *la tua vera natura.*

Già al termine di questa quinta settimana, infatti, se hai praticato con costanza, la tua buddhità è divenuta una realtà, come ti ho promesso, e puoi sentirla dentro di te.

Una volta realizzata la buddhità occorre tuttavia radicarla fino a farla divenire *permanente.*

Occorre dunque una pratica di *radicalizzazione* dello stato di buddhità, la quale tuttavia non sarà più un impegno come è stato in queste eroiche cinque settimane ma un *piacere* che si rinnoverà ogni giorno.

Essa consiste semplicemente nel praticare *una sola volta al giorno l'esercizio definitivo.*

ESERCIZIO DEFINITIVO

1. **calmo il respiro, rilasso il corpo, osservo con distacco i pensieri;**
2. **osservo l'ambiente che mi circonda;**
3. **sono consapevole della precarietà di ogni cosa;**
4. **mi libero da ogni attaccamento;**
5. **faccio crescere il mio amore per tutti gli esseri.**

Questo esercizio coincide sostanzialmente con la *Vipassana*, la meditazione tradizionale buddhista.[1]

E ti mette in contatto consapevole con i tuoi cinque poteri.

I cinque poteri del buddha.

Con la pratica, esso ti prenderà soltanto alcuni minuti.

Dopo un periodo che varia da persona a persona tu sentirai che potrai fare a meno anche di questo esercizio di meditazione e il tuo stato di buddhità sarà diventato la tua vera natura.

Tu sarai diventato allora davvero un buddha o un'illuminata.

Perché questo avvenga occorre tuttavia che tu capisca alcune cose.

La prima cosa da capire è che tu devi mettere la tua serenità *al di sopra di qualsiasi altra cosa.*

La tua serenità deve essere messa al di sopra di qualsiasi altra cosa.

Non credere che questo sia un atteggiamento egoistico.

Con l'ansia e la paura tu non puoi risolvere nessun problema meglio di quanto tu possa fare con la calma e la serenità.

Tu non puoi aiutare nessuno, se non conservi la tua serenità.

È come quando l'aereo vola ad alta quota e manca l'ossigeno.

Tu non puoi aiutare i bambini a mettere la mascherina se prima non la metti tu.

[1] Esso è tuttavia una versione semplificata e molto più facilmente praticabile, della *Vipassana* tradizionale, che comprende sedici fasi (cfr. Buddhadâsa, *La consapevolezza del respiro*, op. cit.).

Non puoi aiutare gli altri se stai male.

Serenità infatti significa *efficienza.*

Avere accanto una persona serena dà serenità e piacere.

Quindi la tua sola presenza, se hai dentro di te la serenità, dà serenità agli altri e li aiuta.

E questo è un atto d'*amore.*

La seconda cosa che devi capire è che la sofferenza ha *tre cause immediate*, che derivano tutte dall'attaccamento: le *aspettative*, le *paure*, i *sensi di colpa.*

La sofferenza ha tre cause immediate: le aspettative, le paure, i sensi di colpa.

Ma tutte tre sono *infondate.*

Le aspettative sono una pretesa che la realtà sia come la vogliamo noi ed è evidente che questo non può avvenire necessariamente e sistematicamente.

Non è colpa degli altri se le nostre aspettative vengono deluse.

Gli altri hanno il diritto di essere come sono indipendentemente dalle nostre aspettative.

Semplicemente noi dobbiamo *smettere di farcele.*

Le paure sono sempre paura di qualcosa che non c'è.

Se mi viene addosso un autobus e provo paura, faccio benissimo.

Solo così, posso salvarmi.

Ma se sono seduto nella mia poltrona e provo paura al pensiero che se esco mi viene addosso un autobus, questa è una paura di qualcosa che non c'è.

È una *paura immaginaria.*

E le paure immaginarie sono infondate, sono *nevrotiche.*

I sensi di colpa sono assolutamente privi di fondamento.

La colpa esiste soltanto se tu compi il male sapendo che è male e con la precisa intenzione di compierlo.

Ma solo un pazzo può fare una cosa del genere.

Una persona normale non lo fa *mai.*

Quindi quando tu dai agli altri la colpa della tua sofferenza compi un errore fondamentale.

Come ho già detto all'inizio di questo manuale, non sono gli altri che creano la tua sofferenza ma la tua reazione alle loro azioni.

Se tuo marito o tua moglie fugge con un altro ti viene spontaneo dargli la colpa della tua sofferenza.

Ma se rifletti a fondo scopri che non solo tu hai certamente una responsabilità nella sua fuga (nessuno fugge da una persona meravigliosa), ma che la tua sofferenza è assolutamente *egoistica* e quindi un problema esclusivamente tuo.

Non è certo infatti per la sua, infelicità, che soffri, che non c'è, ma per la tua.

E perché soffri?

Perché lui o lei ti manca.

Ma cosa ti manca in realtà?

Evidentemente la sua presenza.

Ossia il tuo *possesso* di lui o di lei.

Ma se tu hai sviluppato il non attaccamento che significa appunto non possesso, ecco che la tua sofferenza non ha più motivo di essere.

Anzi, se hai anche sviluppato l'amore, non puoi non gioire della felicità che lui o lei ha raggiunto con un'altra persona.

Vuol dire che non eravate fatti l'uno per l'altra.

Adesso che tu sei un buddha o un'illuminata, hai capito che la tua sofferenza non dipende dal comportamento degli altri ma dalle tue aspettative, dalle tue paure, dai tuoi sensi di colpa.

E così è per loro.

Piuttosto sii cosciente di una cosa: la sofferenza è *necessaria* per crescere in consapevolezza.

Non è forse la tua sofferenza che ti ha spinto a leggere questo libro e a intraprendere il tuo cammino verso la buddhità?

Quindi la sofferenza va rispettata.

Rispettare la sofferenza di ciascuno come sua occasione per crescere in consapevolezza, questo è l'atteggiamento del Buddha.[2]

Il volere togliere la sofferenza degli altri a tutti costi o il farsi carico della sofferenza degli altri è *nevrotico*.

Specialmente quando non si è in grado di togliere la propria.

Pensa prima di tutto a togliere la *tua* sofferenza.

Soltanto così, potrai pensare a togliere quella degli altri.

Ma soltanto se chiedono aiuto.

Non diventare schiavo o schiava del complesso del boy scout: quello che obbliga ad attraversare la strada la vecchietta che non voleva attraversarla.

Se qualcuno chiede aiuto, daglielo.

Anzi, dedica la tua vita ad aiutare coloro che chiedono aiuto.

Questa è la *pratica* dell'amore universale, che se rimane soltanto contemplazione è sterile.

Ma dagli il tuo aiuto secondo le loro richieste, non secondo le tue opinioni.

Lascia che siano loro a dirti ciò di cui hanno bisogno, non dirglielo tu.

Quelli che si fanno in quattro per dare agli altri ciò che loro ritengono sia un loro bene senza consultarli non sono degli esponenti dell'amore universale ma del colonialismo affettivo e culturale.

[2] In accordo con la cultura orientale, secondo la quale ogni essere vivente segue un suo destino determinato dalla sue azioni (*karma*).

E si sentono molto buoni, per questo.

Dicono sempre: «Ho ricevuto molto più di quanto ho dato.»

Ed è vero.

Se l'uso del *mantra* ti è piaciuto e vuoi mantenerlo, puoi usare per il seguito e per il tempo che vuoi il seguente:[3]

io sono	*inspirazione*
un buddha	*espirazione*

Per le signore:

io sono	*inspirazione*
un'illuminata	*espirazione*

[3] Questo mantra può essere usato anche per tutta la vita. È potentissimo.

Commiato

Tu adesso hai messo in moto la ruota del tuo *Karma*.

Essa porterà a compimento la tua *evoluzione spirituale*.

Non è un caso che tu abbia letto questo libro e ne abbia seguito le indicazioni.

Molti altri lo hanno visto e non lo hanno neppure preso in considerazione.

Molti altri lo hanno letto e lo hanno dimenticato.

Tu lo hai seguito perché eri pronto o pronta a seguirlo.

Esso ha portato semplicemente a compimento la tua *evoluzione spirituale*.

Perché c'era in te un *seme* di quella buddhità e di quell'amore universale che adesso tu ti stai apprestando a fare crescere dentro di te fino a riempire il tuo cuore e la tua mente, fino a dare alla tua vita finalmente un significato, uno scopo, un senso nell'economia generale dell'universo.

Perché diventare un buddha, lottare per diventarlo e per rimanerlo, dà un senso e uno scopo alla vita.

Pochi riescono a farlo.

Tu sei uno o una di quei pochi.

Questo libro è stato scritto proprio per questo: per portare a compimento la tua evoluzione e quella di coloro che come te sono pronti.

A diventare un buddha.

È questo, il mio aiuto.

Non occorre che tu abbandoni la tua religione.

Anzi il coltivare la tua buddhità ti rafforzerà in essa.

Essa va infatti nella stessa direzione, l'amore universale, ma su una via parallela, perfettamente compatibile ed anzi complementare a questa che è una via esclusivamente *psicologica*.

Fai girare la ruota del tuo karma!

Realizza la tua buddhità!

Nella tua via verso la buddhità
ti sono accanto
con la loro potenza e la loro energia
tutti i buddha che ti hanno preceduto.
Tua è la loro forza
tua è la loro consapevolezza
tuo è il loro amore.

Tu sei un buddha.

Tu sei un'illuminata.

Indice

GIULIO CESARE GIACOBBE

COME SMETTERE DI FARSI LE SEGHE MENTALI E GODERSI LA VITA

Dietro a questo titolo indecente si nasconde un trattato sulla nevrosi che può essere utilizzato come un manuale di prevenzione e di autoterapia da qualsiasi nevrotico in quanto espone tecniche yoga, buddhiste e zen, praticate da secoli dai nevrotici orientali ma esportabili anche a noi poveri uomini e donne dell'ovest.

La nevrosi – in particolare la sua forma più diffusa, la nevrosi ansioso-depressiva di cui soffre oggi la maggior parte della gente – ci sommerge di ansie e paure che ci impediscono di gioire della vita e dei rapporti con gli altri. Eliminando il pensiero nevrotico (le seghe mentali), e ritornando a quella realtà da cui esso ci allontana (e questo libro espone le tecniche che ci permettono di farlo), noi impariamo a godere della vita e delle cose che ci stanno intorno e che ormai non vediamo quasi più. Il primo passo per avvicinarsi alla realtà e piantarla con la paranoia è ridere, e questa è la principale ragione – ma non l'unica – del linguaggio «indecente» e dell'umorismo con cui l'autore illustra le sue teorie.

Un grande piccolo libro che si aggiunge al secolare fiume della saggezza che da tutte le culture del mondo scorre verso la felicità ma nel quale nessuno di noi trova mai il tempo (e il coraggio) di bagnarsi.

PONTE ALLE GRAZIE

GIULIO CESARE GIACOBBE

ALLA RICERCA DELLE COCCOLE PERDUTE

Una psicologia rivoluzionaria per il single e per la coppia

Il bambino ha sempre bisogno di qualcuno che gli faccia le coccole. L'adulto si fa le coccole da solo e non ha bisogno di nessuno. Il genitore è l'unico capace di fare le coccole agli altri.

Sull'equilibrio e lo sviluppo di queste tre personalità, che coesistono in noi, si giocano tutta la nostra vita, il nostro benessere, il nostro rapporto con gli altri, la nostra felicità. In natura, in noi e negli animali, le tre personalità si sviluppano armonicamente e in tempi precisi. Purtroppo però, nelle società industrializzate ricche e iperprotette l'evoluzione naturale non avviene, e noi rimaniamo bambini. Questa è la base di tutte le nostre nevrosi. Paure, fobie, panico, ansia, depressione sono tutte manifestazioni di una personalità infantile non evoluta, sempre alla ricerca di amore, di sicurezza, di coccole.

Questo saggio dell'autore di *Come smettere di farsi le seghe mentali e godersi la vita* insegna in modo facile e umoristico a fare il bambino imparando a farsi umili, a diventare un adulto imparando a difendersi e a diventare un genitore imparando ad amare.

PONTE ALLE GRAZIE

FURIO RAVERA

LE REGOLE O LA MANUTENZIONE DELLA VESPA

Libertà non è trasgressione: le regole che aiutano a vivere

Le regole non pongono solo limiti, non tolgono la libertà, non soffocano la creatività. La loro funzione, di cui non si può fare a meno, è quella di aiutarci a vivere: sono il segno di un progetto che si vuole realizzare, sono la rete della convivenza civile, sono l'espressione concreta della nostra buona disposizione verso gli altri secondo un principio di parità. «Nascono con la civiltà umana, con la capacità degli uomini di sottrarsi a meccanismi istintuali di pura sopravvivenza per divenire capaci di scelte. Nascono con la paura di perdersi e di distruggersi.»
Sono la migliore autodifesa in una società confusa, che sembra premiare la trasgressione e la prepotenza e, se intese e insegnate in modo non arbitrario o repressivo, rafforzano, proteggono e migliorano il rapporto con se stessi, con gli altri, con l'ambiente. Aiutano a crescere.

PONTE ALLE GRAZIE

Finito di stampare
nel mese di novembre 2013
per conto della Adriano Salani Editore s.u.r.l.
da Grafica Veneta S.p.A.,
Trebaseleghe (PD)
Printed in Italy